일 잘하는 팀장은
AI를 이렇게 씁니다

일 잘하는
팀장은

이시한 지음

언러닝의
시대,
리더십도
리셋이
필요하다

AI를 이렇게
씁니다

청림출판 숲

팀장이 되는 순간, 회의는 늘어나고, 결재는 늘어지고, 메신저는 쉴 새 없이 울려댑니다. 팀원들의 질문은 끝이 없고, 위기는 예고 없이 찾아옵니다. 자신의 업무뿐 아니라 팀원들의 일까지 다 보듬어야 하는 팀장 업무는 하루 종일 '결정'하고 '설명'하고 '조정'하는 일들의 연속입니다. 그러다 보면 정작 본인의 업무는 오후가 되어서야 시작하게 되는 경우가 허다합니다. 이쯤 되면 팀장의 핵심 경쟁력은 실력이 아니라 체력과 멘탈이 아닐까 싶기도 합니다.

그런데 이런 현실적인 팀장의 업무방식을 AI가 완전히 뒤바꿔 놓았습니다. AI를 활용하는 팀장과 그렇지 않은 팀장의 차이는 이제 자율주행 자동차와 자전거의 경주만큼이나 확연합니다. 시간이 흐를수록 격차는 더 나는 데다, 오직 페달만 밟아야 하는 자전거와 달리 자율주행차는 차 안에서 많은 일들을 할 수 있습니다.

AI를 처음 이용하는 팀장은 AI가 초안을 만들어 주고, 회의록을 정리해 주고, 자료를 요약해 주니 '편리함'에 감탄할 겁니다. 하지만 AI를 조금 더 활용하다 보면 AI는 단순히 업무의 편리성과 생산성을 높여주는 도구를 넘어, 리더십의 개념과 매니지먼트의 역할을 분자 단위부터 분해해 재정립하는 완전히 혁신적인 기술이며, 시대정신이라는 것을 느낄 수 있게 됩니다.

AI는 팀장에게 끊임없이 묻습니다. "정확히 무엇을 원하나요?" "우선순위는 무엇인가요?" "성공의 기준은 무엇인가요?" 대충 넘어가려던 팀장의 생각을, 날카롭게 파고드는 거울인 셈입니다. 결국 AI는 팀장이 일하는 방식과 리더십의 사고체계 자체를 다시 쓰게 만듭니다.

이 책의 출발점은 단순합니다. AI 시대의 팀장은 더 열심히 발로 뛰는 사람이 아니라, 더 정교하게 시스템을 설계하는 사람이어야 한다는 겁니다. 관리자가 아니라 설계자, 지시자가 아니라 조율자, 단순히 버티는 사람이 아니라 함께 성장하는 리더가 되어야 합니다.

경험이 권력이던 시절의 리더십은 더 이상 조직을 안전하게 지켜주지 못합니다. 환경은 너무 빨리 바뀌고, 어제의 성공 경험은 더 이상 같은 결과를 보장하지 않으니까요. 이제 리더십의 근육은 '경험'이 아니라 '데이터와 해석'으로 옮겨가고 있습니다.

이 책은 AI 도구 목록이나 프롬프트만을 나열하지 않습니다. "어떤 도구가 최고다"라는 추천은 다음 주면 '거짓말'이 되거든요. 한 상황에서 적확한 프롬프트는 다른 상황에서는 엉뚱한 프롬프트가 될 수도 있습니다. 대신 이 책은 팀장이 AI를 어떻게 '시스템'으로 붙일지, 어떻게 '루프'로 운영할지에 집중합니다. 정상루프에서는 업무를 세분화하고 재배치하며, 중간성과의 계단을 만들고, 회의와 공유의 리듬을 설계합니다. 예외루프에서는 이상신호를 감지하고, 5분 트리아지로 혼란을 줄이며, 우회로를 만들고 복구합니다. 그리고 이 모든 흐름을 사후분석으로 회수해 팀을 더 단단하게 만드는 방법을 다룹니다. 물론 이 모든 지점에서 어떻게 AI를 활용할 수 있을까에 대해 이야기합니다.

그리고 이러한 일련의 과정에서 가장 중요한 건 결국 사람입니다. AI가 빨라질수록, 팀장은 더 많이, 더 자주, 더 큰 결정을 하게 됩니다. 그 결정은 숫자뿐 아니라 사람의 신뢰와 공정, 관계와 안전에 닿습니다. 그래서 이 책은 AI와 함께 일하는 인간의 품격에 대해 말합니다. AI가 95%의 혼란을 정리해 줄 수는 있어도, 마지막 5%에서 무엇을 지킬지 선택하고 그 선택의 의미를 설명하는 건 결국 인간의 몫입니다. 이제 팀장은 최종 판단자라기보다, 의미의 조율자가 됩니다.

이 책을 읽는 동안, 시도해 보면 좋은 태도가 하나 있습니다.

완벽하게 이해하고 완벽하게 적용하려 하지 말 것. 대신 '이번 주에 하나만' 바꿔보는 겁니다. 회의를 30분으로 줄이는 것일 수도 있고, 중간성과 지표를 세 개만 정해 보는 것일 수도 있고, 알람 트리거를 한 줄로 정의해 보는 것일 수도 있습니다. AI는 큰 변화보다 작은 실험에 더 강합니다. 작은 실험을 반복하다 보면, 팀은 소리 없이 바뀌고, 팀장은 눈에 띄게 성장합니다.

이 땅의 팀장님들께 꼭 전하고 싶은 것이 있습니다. 팀장은 직급이 아니라 '상태'입니다. 그래서 인수인계도, 매뉴얼도, 친절한 가이드도 부족한 채로 시작하는 경우가 많습니다. 이 책은 그 공백을 줄이기 위한 안내서이기도 합니다. 팀이 더 빨라지되 덜 다치게, 성과가 더 커지되 신뢰도 더 단단해지게, 그리고 무엇보다 팀장이 '버티는 사람'이 아니라 '성장하는 사람'이 되게 하는 길을 함께 설계해 보려 합니다.

팀장 업무가 자신을 태워서 방전해야 하는 희생의 업무가 아니라, 자신과 팀원 모두가 충전되고 성장하는 상생의 업무가 될 수 있게 안내해 보겠습니다. 그래서 결국에는 대(大) AI 시대에 AI에 대체되는 사람이 아니라, AI를 활용해 개인의 리더십 능력을 극대화하는 사람이 될 수 있도록 하겠습니다.

AI 시대, 개개인의 능력은 10배가 되는 만큼, 그런 개인들을 이끌 수 있는 리더십 능력은 자신의 팀원 수만큼 ×10이 되는 것이라 할 수 있습니다. 10명을 이끄는 리더십이라면 100명짜리 중소기업을 이끄는 것과 같죠. 그래서 AI 시대 진정한 경쟁력은 바로 리더십입니다. AI를 활용하는 팀장 업무를 마스터함으로써, AI 시대 가장 강력한 경쟁력을 가지게 될 것입니다.

이시한

Part 1

AI 시대, 리더십의 방법이 바뀐다

Part 2

생산성 100배를 만드는 팀장의 AI 활용법

Part 3

정상루프에서 팀장의 AI 업무 스킬

Part 4

예외루프에서 팀장의 AI 업무 스킬

Part 5

성장루프에서 팀장의 AI 업무 스킬

언러닝의 시대, 팀장의 리더십도 리셋된다

어제는 맞지만, 오늘은 틀리고, 내일은 모른다

미국의 34대 대통령 드와이트 D. 아이젠하워는 "지식인이란, 자기가 아는 것보다 더 많은 것을 말하기 위해 필요 이상으로 많은 말을 하는 사람이다"[1]라고 했습니다. 지식인의 문자적 정의라기보다 문제적 정의라고 할 수 있죠. 사실은 매우 비꼬는 말입니다.

그런데 이런 '지식인의 정의'를 듣는 순간 딱 생각나는 사람이 있지 않나요? 아는 것보다 많이 말해야 하고, 필요 이상으로 말을 많이 하는 존재. 아이젠하워가 우리 팀장님들을 언제 보고 간 건지, 어떻게 이렇게 정확하게 묘사할 수 있을까요?

팀장이 되는 순간, 사람은 묘하게 '전문가'가 되어야 한다는 압박을 느낍니다. 어제까지는 "모른다"라고 말해도 괜찮았는데, 오늘부터는 "팀장님은 어떻게 생각하세요?"라는 질문에 "모른다"는 대답은 서로를 부담스럽게 합니다. 팀장은 정답을 아는 사람, 솔루션을 주는 사람이라는 '기본 설정값'이 붙어 있는 직함이라고 생각하기 때문입니다.

넷플릭스의 유명 요리 경연 프로그램에 출연한 손종원 셰프는 '요리괴물'이라는 닉네임의 셰프와 2인 1조가 되어 대게 소스를 곁들인 월도프 샐러드를 만들게 되었습니다. 그런데 2시간의 조리 시간이 거의 끝나갈 즈음, 샐러드를 김밥처럼 말려고 계획했던 제누아즈가 의도대로 나오지 않고 자꾸 끊어지는 상황이 발생했습니다.

"말릴려나?" 손종원 셰프의 이 한마디로 집약되는 절체절명의 순간이었습니다. 정말 당황스러운 상황이었지만, 손 셰프는 멘붕에 빠진 파트너에게 "스팀 조금만 들어가면 말릴 것 같아"라며 해결책을 제시합니다. 그러면서 "괜춘 괜춘"이라고 장난스럽게 말을 덧붙이며 위로까지 건넵니다. 자책에 빠져 평정심을 잃고 있었던 파트너 요리사는 이 말 덕분에 다시 요리에 집중할 수 있게 됩니다.

이 장면만 보면 손 셰프가 아주 여유롭게 대처한 듯 싶지만, 이어진 속마음 인터뷰는 전혀 그렇지 않았다는 걸 보여줍니다.

"당황스럽죠. 사실 시간이 많이 남은 상태가 아니었고, 이걸 다시 만들 수도 없는 시간이었잖아요. 하지만 제 역할은 당황스러워하는 게 아니고 솔루션을 찾아야 되는 거잖아요."[2]

손 셰프 역시 당황하기는 마찬가지였지만, 그런 티를 내지 않고 무엇보다 실수를 범한 파트너를 탓하는 데 시간을 쓰지 않았습니다. 대신 실수를 감싸며 해결책을 찾아낸 거죠.

이 사례는 '리더십의 성배'처럼 많은 이들에게 회자되었습니다. 모름지기 리더라면 이런 리더십을 가져야 한다는 거죠. 대부분의 기업과 팀원들이 팀장에게 원하는 리더상이 바로 이런 모습이기 때문입니다. 위아래 할 것 없이 팀장의 역할에 거의 신화적인 형상을 부여하고 있는 셈입니다.

하지만 팀장들 역시 손종원 셰프 같은 리더 밑에서 일하고 싶어 하지, 정작 본인이 그런 팀장이 되는 것은 힘들어합니다. 부담스럽고 자신도 없기 때문입니다. 그리고 이런 마음은 지극히 정상입니다. 기본적으로 팀장의 업무라는 게 정답이 없는 상황에서 결정을 내려야 하는 일이 많고, 그 결정이 후회로 돌아오는 일도 잦습니다. "그때 그렇게 하지 말 걸 그랬어" 같은 말은 입 밖으로 꺼내지만 않을 뿐, 팀장들의 '고정 멘트'와도 같습니다.

그렇다면 팀장들은 그 불확실함을 어떻게 견뎌왔을까요? 예전에는 결정의 근거를 '경험'에서 찾곤 했습니다. 앞서 언급한 손 셰프의 결정도 경험에 근거한 것이었죠. "내가 예전에 해본 바에 의

하면…"이라는 말은 진부하긴 해도 어쨌든 정답에 가까운 솔루션이긴 했습니다.

하지만 지금은 "예전에 해봤는데…"라고 시작하면 팀원들은 속으로 생각합니다. '팀장님, 그 예전이 도대체 언제인가요?' 팀장 자신도 "예전에 해보긴 했는데…"이지, 그것이 지금도 통할 거라는 확신이 서지 않습니다. 팀원들도 팀장도 세상이 너무 빨리 바뀌고 있다는 걸 누구보다 잘 알기 때문입니다.

어제는 맞지만 오늘은 틀리고, 내일은 모르는 시대입니다. 시장, 고객, 기술, 심지어 팀원들의 일하는 방식까지 매일 업데이트됩니다. 예전에 통했던 방식이 지금도 통한다는 보장은 점점 약해져 가죠. 경험이 무용지물이 되었다는 뜻이 아니라, 경험만으로는 부족해졌다는 뜻입니다. 이 변화의 속도 앞에서 리더십 역시 리셋 버튼이 필요합니다. 그 리셋의 이름이 바로 '언러닝Unlearning'입니다.

팀장의 가장 큰 착각 : "내가 답을 줘야 한다"

언러닝은 한마디로 '새로 배우기 위해 익숙한 방식(생각, 습관, 규칙)을 일부러 내려놓는 것'입니다. 단순히 내려놓는 것이 아니라, 자동으로 굳어버린 판단을 잠시 멈추고 업데이트하는 과정에 가깝습니다.

사람들은 한 번 성공한 방식이 생기면 그것을 정답처럼 반복하려 합니다. 잘나가는 브랜드들이 신사업에서 실패하는 이유 중 하나도 오너의 성공 공식이 너무 뚜렷하게 굳어 있기 때문입니다. 하지만 문제는 세상이 바뀌면 그 정답이 오답이 될 수 있다는 점입니다. 그래서 언러닝은 변화가 빠른 시대의 새로운 생존방식입니다.

언러닝은 팀장들에게 특히 중요합니다. 팀장이라는 자리는 경험이 곧 기준이던 시대의 습관을 가장 많이 가지고 있기 때문입니다. 팀장들이 가장 먼저 내려놓아야 할 것이 '팀장이니까 답을 줘야 한다'라는 생각입니다. 이 믿음이 팀원들이 팀장이 되는 것을 기피하게 만드는 주범 중 하나이기도 합니다.

AI 시대에는 이 믿음이 더욱 위험해집니다. 팀장이 답을 주려고 애를 쓸수록 팀의 속도는 점점 느려지기 때문입니다. 모든 답을 본인이 줘야 한다고 믿는 팀장은 AI 시대 업무 프로세스의 가장 큰 빌런이자 병목이 될 수 있습니다. 팀장에게만 넘어가면 결정이 유예되고, 시간은 낭비됩니다. 그야말로 병목이죠. 고려해야 할 정보는 실시간으로 늘어나고 있으니, 어제보다 오늘 결정이 더 어렵고 내일은 더 오래 걸리게 될 겁니다.

지금은 한 사람이 '답'을 독점할 수 있는 시대가 아닙니다. 데이터가 있고, 고객 반응이 있으며, 실험 결과가 존재합니다. 그리고 무엇보다 우리 곁에는 AI가 있습니다. 팀장이 모든 답을 가지고 있어야 하는 시대가 아니라, 답을 찾아내는 시스템을 설계해야 하는 시대가 된 겁니다. 팀장은 이제 '정답을 말하는 사람'이 아니라 '정답에 도달하는 구조'를 만드는 사람이어야 합니다.

회의가 목적이 되어 버린 회사

예전에 제가 이사 직함을 달고 관여했던 회사가 있었습니다. 대기업 계열사 대표 출신이 CEO로 있던 곳이었는데, 저는 6개월 만에 그곳을 떠났습니다. 이유는 바로 '회의' 때문이었습니다. 매주 월요일 오전 9시부터 12시까지 전 직원 회의가 열렸습니다. 각 부서가 지난주 성과와 이번 주 계획을 발표하는데, 그 내용이 지나치게 꼼꼼했습니다.

'저런 이야기까지 전체 회의에서 할 필요가 있을까?' 싶은 안건들이 촘촘하게 이어졌고, 정작 중요한 사항들은 안건 사이사이에 샌드위치 속 햄처럼 끼어 있었습니다. 나름 큰 기업의 대표였다는 티를 내기 위해 CEO가 날카로운 지적을 던지는데, 그 지적이라는 게 "왜 이면지를 사용하지 않았나" 같은 식이었다는 게 함정입니다. 월요일 아침 전 직원이 모여 논의할 주제는 아니었던 거죠.

그러다 보니 새로운 기획안은 지적사항 투성이가 되기 일쑤였습니다. 기획안 하나가 통과되려면 2~3개월 동안 10번 정도 전체 회의에서 '난도질' 당하는 과정이 필요했습니다. 그래서 기획안이 통과되는 날이면 해당 부서는 눈물의 회식을 할 정도로 진이 다 빠져버리는 상황이었죠. 진짜 문제는 그다음입니다. 기획안 통과에 에너지를 다 써버린 탓에 누구도 그 일을 실행할 의욕을 내지 못했습니다. 수정안이라도 내면 "왜 처음부터 완벽하게 기획하지 못했나"라는 질책이 돌아오니, 일이 잘못되어가도 억지로 밀고 나가는 경우가 허다했습니다.

이 회사는 '월요회의'가 일의 목적이 되어버렸던 겁니다. 대기업의 신중한 시스템을, 현장에서 실시간으로 대응해야 하는 중소기업에 무리하게 접목하려다 생긴 비극입니다. 이런 과도한 관리 시스템 안에서는 일이 앞으로 나아가지 않습니다.

이런 경우 팀장들은 보통 더 꼼꼼하게 관리하려 듭니다. 체크리스트를 만들고, 보고체계를 촘촘히 하며, 회의 횟수를 늘립니다. 하지만 이 방식이 통하지 않는 이유는 사람들이 게을러서가 아니라 일이 너무 복잡해졌기 때문입니다. 기술이 발달하고, 변수는 다양해졌으며, 정보는 폭발했습니다. 이제 팀장의 관리력만으로는 해결하기 어려운 구조가 되었습니다. 속도가 생명인 시대에 다층적이고 섬세한 관리는 약이 아닌 독이 될 수 있습니다.

여기서 필요한 것이 바로 '언러닝'입니다. '관리로 해결한다'는 습관을 내려놓고 '설계로 해결한다'는 방식을 새로 배우는 것, 그리고 그 설계를 가능하게 만드는 도구가 바로 AI입니다.

AI는 팀장도 춤추게 한다

직장인들에게 AI를 어디에 가장 많이 쓰느냐고 물으면 단연코 '서류정리'입니다. 에이블런에서 발표한 〈GenAI World Report〉에 따르면 직장인들이 AI를 가장 많이 활용하는 분야는 압도적으로 '문서 작성 및 정리(99.1%)'라고 합니다.[3] 하지만 이것은 비싼 컴퓨터를 사놓고 계산기로만 쓰는 것과 같습니다. AI를 '보고서 써주는 도구'나 '회의록을 자동 작성해 주는 도구' '이메일에 답해 주는 비서' 정도로 인식하고 쓰게 되면 그야말로 AI라는 세계의 입구에만 머무는 겁니다.

AI 시대의 언러닝은 더 선명해야 합니다. AI의 진짜 힘은 팀장을 '생각하게' 만든다는 데 있습니다. "좋은 방향으로 발전시켜 봐"라는 팀장의 모호한 명령에 인간 팀원은 '팀장님도 딱히 아이디어가 없구나'라고 눈치 채고 대충 물러나겠지만, AI는 팀장에게 끊임없이 묻습니다. "정확히 무엇을 원하세요?" "우선순위는 무엇인가요?" "성공의 기준은 어떤 수치로 정의되나요?" 이에 대해 제대로 대답하지 않으면 AI도 대충 답을 줍니다. 결국 팀장은 자신의 생각을 선명하게 정리하지 않을 수 없습니다.

이처럼 AI는 팀장의 의도와 판단 기준을 투명하게 드러나게 합니다. 생각의 무대 위에서 스스로 춤추지 않으면 AI라는 파트너는 함께 나서주지 않기 때문입니다. 그런 의미에서 AI는 '업무 자동화' 도구라기보다 '리더의 사고를 명료하게 만드는 도구'입니다.

AI가 95%를 자동화하는 시대에, 인간 리더는 마지막 5%에서 '의미'를 선택하고 '방향'을 설정하며 '사람'을 움직여야 합니다. 언러닝은 그 5%를 더 인간답게 만들기 위한 팀장의 새로운 기본기입니다.

경험이 아닌 '데이터', 지능이 아닌 '외지'의 문제

예전에는 경험이 '갑'이었습니다. 경험은 축적의 증거였고, 오래 버틴 사람의 훈장이자 솔루션의 시발점이었죠. 하지만 이제는 그런 경험이 비빌 곳이 거의 없습니다. 고객이 바뀌고, 채널이 바뀌고, 경쟁사가 바뀌고, 규제가 바뀌고, 트렌드가 바뀝니다. '비슷해 보이는 케이스'는 사실 다른 케이스일 가능성이 큽니다. 그래서 경험만 믿고 가면 오히려 팀을 더 위험하게 만들 수 있습니다. 경험이 나쁜 게 아니라, 경험이 확신으로 굳어질 때 흑화되는 겁니다.

그래서 AI 시대의 팀장은 경험을 내려놓는 사람이 아니라, '경험을 검증 가능한 가설로 바꾸는 사람'이어야 합니다. "내 경험상 이게 맞아"가 아니라 "내 경험상 이럴 것 같은데, 데이터를 한번 확인해 볼까?" 혹은 "AI로 시뮬레이션 돌려보자"라고 말하는 자세가 팀의 문화를 바꿉니다.

지금 우리는 경험이 아닌 데이터와 해석이 '갑'인 시대에 살고 있습니다. 물론 이렇게 된 지는 좀 되었지만, 그동안 몇몇 능력 있는 팀장만 가능했던 인사이트의 능력을 AI가 대중화시켜 버린 겁니다. 그래서 복잡한 데이터를 정리하고 들여다보는 능력은 팀장 개인의 능력에 달린 게 아니라, AI를 활용할 의지가 있는가 아닌가 하는 의지의 문제로 전환되어 버렸습니다.

팀장들의 리더십 리셋 :
이제는 '사람을 움직이는 언어'가 바뀐다

팀장은 결국 사람을 움직여야 합니다. 혼자서만 일하면 솔로프리너(혼자서 기획·제작·마케팅·운영까지 전 과정을 책임지는 1인 기업가)라고 하지, 팀장이라고 하지 않죠. AI와 상의해 방향을 정했더라도 "왜 이 일을 해야 하는지"에 대해 설명하지 못하면 팀원들은 움직이지 않습니다. 여기서도 언러닝이 필요합니다. "그냥 시키는 대로 해" "원래 다 이렇게 해" 같은 말들은 빠르고 편하지만, 팀을 지치게 합니다. 지금의 팀원들은 '시키는 대로 하는 사람'이 아니라 '납득하면 몰입하는 사람'들이기 때문입니다. 이게 얼핏 가정문 같지만, 사실은 조건절입니다. 정확히는 '납득해야 몰입하는 사람들'이라는 말이거든요.

그래서 AI 시대 팀장의 언어는 지시가 아니라 설득으로 가야합니다. 그리고 설득은 감이 아니라 구조로 만들어야 합니다. '목표가 왜 이 숫자인지' '이 일이 고객에게 어떤 변화를 만드는지' '우리가 왜 지금 이걸 해야 하는지' '무엇을 하면 성공이고, 무엇을 하면 실패인지' 이걸 팀원들이 이해할 수 있는 형태로 바꾸는 사람이 바로 AI 시대의 팀장입니다.

그래서 이 책이 하려는 이야기

이 책은 AI를 도구로서 어떻게 다룰지에 집중하지 않습니다. 물론 도구적 스킬도 나오지만, 그게 핵심은 아니라는 말입니다. 이 책에서 말하고 싶은 것은 AI 시대의 팀장은 '일을 더 많이 하는 사람'이 아니라 '일을 더 적게 하면서도 더 멀리 가게 만드는 사람'이라는 것이죠. 그 비결은 세 가지 루프를 새로 세팅하는 겁니다.

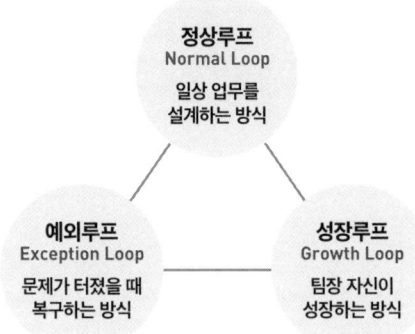

AI는 이 루프를 더 빨리, 더 정교하게 만들 수 있도록 돕습니다. 하지만 결국 마지막 선택은 팀장이 해야 합니다. AI가 95%를 자동화할 수 있는 시대에, 팀장의 역할은 '정답을 말하는 사람'이 아니라 '의미를 선택하는 사람'이어야 합니다.

보고서 한 줄을 더 멋있게 쓰는 게 아니라 '팀이 어떤 방향으로 가야 하는지' '그 방향을 팀원들이 왜 믿어야 하는지' '그 믿음을 어떻게 오늘의 행동으로 바꾸는지'에 대해 명확한 비전을 보여주고 이끌어 가는 것이 팀장 업무의 본질입니다.

이 책을 본격적으로 시작하기 전에 팀장님들에게 아주 현실적인 위로의 한마디를 먼저 건네고 싶습니다. 언러닝은 어렵습니다. 당연히 익숙한 방식이 더 편합니다. 하지만 생각해 보면, 팀장이라는 자리 자체가 이미 거대한 언러닝의 연속이었습니다.

팀장이 된 순간부터 '내 일만 잘하면 된다'는 생각을 언러닝했고, '사람과 조직을 함께 보아야 한다'는 새로운 사고를 배웠습니다. 실무자의 사고를 관리자의 사고로 전환하는 것은, 문과 공부 열심히 하던 친구가 이과로 전향해 미적분을 새로 배워야 하는 것이나 마찬가지의 변화입니다. 팀장의 역할을 한다는 것은 이 과정을 해낸 거거든요.

이제 거기에 하나가 더 추가됐을 뿐입니다. 'AI와 함께 일하는 방식을 배우는 것'이죠. 그리고 이 변화는 생각보다 무섭지 않습니다. 왜냐하면 팀장의 진짜 능력은 '모든 것을 아는 것'이 아니라, '계속 배우는 것'이니까요.

이제 리더십을 리셋해야 합니다. 조금 더 가볍게, 조금 더 똑똑하게, 그리고 무엇보다 조금 더 인간답게 말입니다.

Part

1

AI 시대,
리더십의 방법이
바뀐다

1 꼰대 리더십의 완전한 종말

팀장 권위의 기반이 바뀌다

'꼰대'라는 말은 팀장에게 양가감정을 불러일으킵니다. 왠지 자신을 비난하는 것 같아 마음 한편이 불편하면서도, '적어도 나는 꼰대는 아니지'라는 안도감이 살짝 들기도 합니다. 내 얘기 같기도 하고, 나는 아닌 것 같기도 한, 참 애매한 단어가 바로 '꼰대'라는 말입니다.

사실 '꼰대'라는 말은 나이에 의해 결정되는 호칭이 아닙니다. '하나의 정답만 맞다'고 다른 사람에게 강요할 때 생기는 파열음이죠. 그러니 꼰대는 고정된 형태가 아니라 상황에 따라 변하는 동적인 상태입니다. 어제는 아니었지만 오늘은 꼰대가 될 수 있고, 또 내일은 아닐 수도 있는 거죠.

꼰대가 되기 위해서는 '레퍼런스'가 필요합니다. 자신의 판단이 반드시 맞다고 주장할 근거가 있어야 꼰대력을 발휘할 에너지가 충전되기 때문입니다. 보통 꼰대력을 지탱하는 가장 강력한 초석은 '경험'입니다. 우리는 아주 오랫동안 '경험이 갑'인 세상에 살았습니다. 사실 팀장이라는 자리는 "내가 해봤는데"라는 문장 하나로 설득이 가능한 자리였습니다.

실제로 과거 조직에서 '경험'은 매우 강력한 자산이었습니다. 경험이 풍부한 사람은 리스크를 먼저 보고, 위기를 겪어본 사람은 함정을 피하며, 성공을 만들어 본 사람은 속도를 내는 법을 알았습니다. 그래서 경험은 자연스럽게 권력으로 바뀌었고, 권력이 생기면 서열이 따라왔습니다. 나이를 따지고 선배 대접을 원하며, "상사에 대한 예의가 아니지" 같은 말로 회의 분위기를 정리하곤 했습니다. 우리나라 특유의 연공서열시스템은 이런 분위기의 원인이자 결과이기도 했습니다. 팀제로 변한 뒤에도 아직 일부 대기업에는 연공서열의 잔향이 여전히 남아 있습니다.

분명 경험이 통하는 시대가 있었습니다. 세계가 비교적 느리게 변하던 시절입니다. 시장이 연 단위로 바뀌고, 고객이 계절 단위로 움직이며, 경쟁사가 분기 단위로 따라오던 시절에는 경험이 꽤 정확한 지도 역할을 했습니다. 하지만 지금은 어제의 지식이 오늘의 쓰레기가 되는 시대입니다.

얼마 전 한 에너지 기업에서 2주 동안 비대면 강연을 진행했습니다. 한 주의 수, 목과 다음 주의 수, 목, 이렇게 총 4회에 걸쳐 240명에게 AI 강연을 했는데, 흥미로운 일이 있었습니다. 첫 주 강연에서 "지금 직무에서 쓰기 가장 좋은 AI가 무엇인가요?"라는 질문에 저는 "챗GPT입니다"라고 답했습니다. 그런데 일주일 뒤 똑같은 질문이 나왔을 때 제 대답은 "제미나이입니다"로 바뀌었습니다. 그 두 주 사이에 끼어있던 토요일에 제미나이 3 프로가 나왔는데, 저를 포함해 많은 유저들이 제미나이를 써보고 챗GPT를 능가했다고 평가했거든요. 불과 일주일 만에 대답이 바뀐 거죠.

이처럼 우리는 지난주의 지식이 이번 주에는 오히려 방해물이 되는 시대에 살고 있습니다. 새롭게 업데이트하지 못하면 잘못된 지식 때문에 큰 문제가 생길 수도 있습니다. 지금은 지도가 필요한 시대가 아닙니다. 길을 많이 아는 사람이 주목받던 낭만적인 시대에는 경험이 인재의 척도였겠지만, 이제는 실시간으로 업데이트되는 '네비게이션'을 다룰 줄 아는 사람이 진정한 인재가 됩니다.

이런 환경에서 경험은 이제 위험요소가 되었습니다. 이는 경험 자체의 결함이라기보다, 경험을 절대적인 확신으로 삼는 사람들의 문제입니다. 요즘은 같은 일이 반복되는 것처럼 보여도 조건이 절대로 같지 않습니다. 알고리즘이 바뀌고, 플랫폼 정책이 바뀌고, 소비자의 관심이 바뀌고, 경쟁사가 가격을 바꾸고, 인플레이션 환경이 다르고, 심지어 사람들이 소비하는 방식 자체가 다릅니다. 한마디로 경험이 의지하던 '고정된 바닥'이 사라진 겁니다.

그래서 같은 경험이라도 결과는 다르게 나옵니다. 이런 흐름을 읽지 못한 채 팀 성과가 나빠지면 팀장은 무의식적으로 '내 탓인가' 혹은 '팀원 탓인가'를 고민하게 됩니다. 하지만 대개의 경우 그것은 '환경 탓'인 경우가 많습니다. 조건이 달라지고 배경이 변한 것이죠.

따라서 팀장은 "내가 맞다, 네가 틀리다"가 아니라 "조건이 무엇이 달라졌나?"로 질문을 바꿔야 합니다. 경험에 대한 맹종을 내려놓고 변화를 추종해야 합니다. 꼰대를 벗어나 리더가 되는 첫 번째 걸음은 바로 자신의 경험을 의심하는 겁니다. 어제 한 경험이라도 혹시 오늘 바뀐 것은 없는지 다시 한번 돌아보아야 합니다.

리더십의 중심이 '권위'에서 '검증'으로

자신의 경험과 지식을 믿을 수 없다면 '어떻게 결정을 내려야 하나' 하는 생각이 들 수도 있습니다. 이는 아무런 기초 없이 판단해야 한다는 오해 때문입니다. 물론 개개인의 지식과 경험은 판단의 가장 기본적인 재료가 맞습니다. 다만 그 재료만으로 요리를 끝내서는 안 된다는 말입니다.

여기에 첨가되는 새로운 재료와 양념이 바로 '데이터'입니다. 데이터와 결합된 경험과 지식은 가장 강력한 요리가 됩니다. 여기서 중요한 포인트는 데이터만 맹목적으로 추종해서는 안 된다는 점입니다. 그것은 또 하나의 꼰대, 즉 '데이터 꼰대'가 되는 길입니다. 한 가지만 맞다고 밀어붙이는 게 꼰대라면, 다른 모든 신호와 의견을 무시한 채 데이터만 옳다고 주장하는 것도 결국 꼰대짓이기 때문입니다.

데이터는 팩트일 수 있어도 그 자체로 의미가 되지는 못합니다. 데이터가 어떤 뜻을 가지려면 '해석'이라는 다음 행동이 붙어야 비로소 가능해집니다. 데이터가 체온계라면 해석은 진단입니다. 체온이 39도라고 해서 병명이 자동으로 나오지는 않습니다. 열이 나는 이유가 감기인지, 염증인지, 과로인지 해석하는 능력이 필요하며, 팀장에게 요구되는 것이 바로 이 '해석의 능력'입니다.

이 해석 과정에 팀장의 지식과 경험이 동원되는 것입니다. 데이터가 갑이 된 시대의 리더십은 다음과 같이 변화합니다.

- "내 경험상 이게 맞아" → "내 경험상 이런 가설이 있는데, 데이터는 뭐라고 말하지?"
- "그냥 더 열심히 해" → "무엇이 바뀌면 성과가 날지 변수를 하나씩 바꿔보자"
- "회의로 정리하자" → "핵심 쟁점과 선택지를 데이터로 정리해 오고, 회의에서는 결정만 하자"

즉, 리더십의 중심이 '권위'에서 '검증'으로 이동하는 겁니다. 데이터를 보며 가설을 세우고, 여기에 지식과 경험을 더해 해석합니다. 그리고 도출된 인사이트를 다시 데이터로 검증합니다. 이런 과정을 통해 탄탄해진 관점이 바로 리더의 결정과 판단의 근거가 됩니다.

지역 기반 커뮤니티 플랫폼인 '당근'의 사례를 볼까요? 당근은 따뜻한 거래 경험을 만들기 위해 거래 후기 작성률을 데이터로 점검했습니다. 거래량은 늘어나는데 후기 작성률이 정체되는 경향을 포착한 당근 팀은, 이를 '사람들이 원래 후기를 안 쓰잖아'라며 무시하지 않고 서비스 개선의 출발점으로 삼았습니다. 후기는 다음 거래의 신뢰를 쌓는 장치이기에, 거래 완료시점과 후기 작성 사이를 어떻게 연결할지가 중요하다고 본 겁니다.

당근 팀은 거래 완료시점에 채팅 메시지를 보내 구매자가 자연스럽게 후기를 남기도록 유도하는 방식을 실험했습니다. 이 실험은 약 2주간 A/B 테스트 형태로 진행되었으며, 메시지를 받은 실험군과 받지 않은 대조군의 차이를 비교해 효과를 확인했습니다. 즉, 실제 사용자 반응을 기준으로 효과를 검증해 본 거죠. 후기 요청 타이밍과 단어 선택까지 미세하게 조정하며 최적의 결과값을 찾아낸 끝에, 시스템 메시지를 받은 실험군의 후기 작성률이 유의미하게 증가했습니다. 이 방식은 현재 서비스에 정식으로 반영되었습니다.[4] 이 사례가 팀장 관점에서 주는 교훈은 분명합니다.

1) 작은 지표(후기 작성률 같은 신뢰의 신호)를 그냥 넘기지 말 것
2) 원인 추정을 확신으로 밀어붙이기보다 실험 가능한 가설로 바꿀 것
3) 데이터 기반 리더십은 단순히 숫자를 들이대는 것이 아니라, 사람이 행동하기 쉬운 경험을 설계하고 검증할 것

데이터 시대, 팀장은 답이 아니라 과정을 설계한다

경험이 중요한 시대에 팀장은 팀원에게 '정답'을 주는 사람이었습니다. 팀원들이 질문하면 답을 주고, 방향을 정해주고, 결정

을 밀어붙이는 역할이었죠. 하지만 데이터가 중요해진 시대에 팀장은 더 이상 답을 주는 사람이 아니라, '답에 도달하는 과정을 설계하는 사람'입니다.

어떤 데이터를 모을지 정의하고, 무엇을 성공으로 볼지 기준을 세우며, 실험 단위를 작게 쪼개 검증하고, 이를 해석의 언어로 팀을 설득하는 사람입니다. 여기서 팀장에게 필요한 건 더 똑똑함이 아니라 '더 좋은 질문'입니다.

질문을 단순히 AI를 다루는 스위치라고 생각할 수 있지만, 사실 질문은 생각의 구조이자 일의 프로세스입니다. 따라서 질문은 처음부터 완벽할 필요는 없습니다. AI는 모호한 표현에 대해 자세하게 따져 묻는 특성이 있어 질문 자체를 다듬도록 도와주기도 합니다. 대충 말해서는 제대로 된 결과를 얻을 수 없기 때문입니다. 그 과정에서 기준이 명확해지고 효율의 지표가 정교해집니다. AI의 도움을 통해 팀장은 애매한 지시를 줄이고 명확한 지표로 소통할 수 있게 됩니다.

여기서 중요한 포인트가 있습니다. 데이터가 중요하다고 해서 팀상이 숫자만 들여다보는 분석가가 되어서는 안 된다는 점입니다. 숫자로만 판단하고 이야기한다면 그건 팀장이 아니라 그냥 분석가일 뿐입니다. 팀장의 진짜 역할은 숫자에 '의미'를 부여하는 겁니다.

데이터는 2차원이지만 팀이 움직이려면 입체적인 힘이 필요합니다. 감정과 의미가 없으면 팀원은 움직이지 않습니다. 숫자가 아닌 스토리를 활용한 공감, 논리와 감성이 결합된 설득, 팀 전체의 조화를 생각하는 배려 등 AI가 대신할 수 없는 영역이 바로 팀장의 인간적인 리더십입니다.

팀장은 경험을 가설로 낮추고 데이터를 공유 가능한 언어로 끌어올린 뒤, 그 과정에서 휴먼 터치Human Touch를 통해 인간적인 신뢰를 얻어야 합니다. 이것이 바로 데이터 시대의 리더십입니다.

경험의 시대에서 데이터의 시대로, 팀장의 리더십을 재정의한다

이제 팀장의 리더십은 '오래된 경험'에서 나오지 않습니다. 팀장의 리더십은 '우리 팀이 지금 무엇을 보고, 무엇을 실험하며, 무엇을 배우고 있는가'를 명확히 하는 데서 나옵니다. 이러한 지향점을 만드는 데 있어 경험은 정답이 아닌 '출발점'이 되고, 데이터는 '나침반' 역할을 합니다.

경험이라는 출발점에서 데이터라는 나침반을 들고 판단의 구조를 만들어가는 것, 그리고 그 구조를 만들기 위해 AI를 활용하는 것이 현대 팀장의 본질입니다. 리더십의 권위는 사라진 게 아니라 형태가 바뀌었을 뿐입니다. 이제 팀장이 쥐어야 할 건 목소리의 크기가 아니라 '질문의 정확도'입니다.

2
AI 시대,
업그레이드되는
팀장의 업무 스킬

메타휴먼이
현실이 되고 있다

서양 코믹스의 양대 산맥은 '마블'과 'DC'입니다. 이들이 구축한 세계관을 보면 전 세계에 어찌나 초능력자가 많은지, 현실의 우리는 스스로 초라해질 지경입니다. 특히 DC 코믹스에서는 이런 초능력자들을 '메타휴먼'이라고 부릅니다. 아쿠아맨, 원더우먼, 플래시 같은 슈퍼히어로들이 바로 대표적인 메타휴먼이죠.

그런데 '메타휴먼Meta-Human'이라는 말이 최근 현실에서도 점점 널리 쓰이기 시작했습니다. 벼락을 맞고 빨라지거나, 제우스의 자녀라는 출생의 비밀을 가진 사람이 늘었다는 뜻이 아닙니다. 현실에서 말하는 메타휴먼은 AI, 웨어러블, BCI(뇌-컴퓨터 인터페이스), 생체기술 등을 통해 인간의 능력이 확장되는 개념을 뜻합니다. 기술을 이용해 인간의 역량이 업그레이드되는 상태라고 이해하면 됩니다.

이제 AI를 잘 활용하는 사람들은 '메타휴먼'이라는 신종족이 되어가고 있습니다. 팀장 역시 마찬가지입니다. 팀장들이 메타휴먼으로의 진화를 선택하면서 '메타리더' '메타팀장'이라 불리는 리더십의 업그레이드가 사회 곳곳에서 전면적으로 일어나고 있습니다. 리더십의 업무에 AI가 활용된다는 뜻이죠.

AI 업무 활용은 이미 우리 곁에 깊숙이 들어와 있습니다. 마이크로소프트와 링크드인이 발표한 〈2024 Work Trend Index〉에 따르면 전 세계 지식근로자의 75%가 업무에서 생성형 AI를 사용하고 있으며, 상당수가 회사가 제공하지 않은 도구를 개인적으로 가져와 쓰는 BYOAIBring Your Own AI 형태를 띠고 있습니다.[5] 우리나라 역시 한국표준협회KSA의 〈생성형 AI 활용 및 지원 실태조사(2025)〉에 따르면 지장인 10명 중 8명(약 80%)이 업무에서 AI를 활용하고 있다고 합니다.[6]

여기서 중요한 포인트는 75%나 80% 같은 숫자가 아니라 '방향'입니다. 숫자는 매년 변하겠지만, 변화의 방향이 어디를 향하고 있는지가 핵심입니다. AI는 이미 개인 생산성 도구로 현장에 안착했으며, 팀장 업무의 핵심영역인 관리와 서류정리 파트부터 장악하기 시작했습니다. 앞으로 AI는 업무의 '기본값'이 될 것이며, 일하는 방식 자체를 근본적으로 바꾸게 될 것입니다.

지금의 AI 사용은 기존 업무를 조금 편하게 하는 수준이지만, 앞으로는 아예 AI를 전제로 업무설계가 이루어질 겁니다. 그때가 되면 AI를 활용하지 못하는 사람은 직장에서 퇴출될 확률이 높습니다. 업무의 속도와 퀄리티 차이가 너무 크기 때문입니다. 비유하자면, 남들은 다 오토바이로 배달하는데 혼자서 자전거를 타고 다니는 셈입니다.

AI가 팀 업무에 도입될 때 팀장에게는 두 가지 선택지가 있습니다.

첫째는 팀원들이 알아서 쓰도록 방치하는 겁니다. 하지만 이 경우 팀원마다 활용방식이 달라 효율이 떨어지고 품질의 일관성이 부족해집니다. 근본적인 프로세스 설계가 없으니 서류정리 수준의 겉핥기식 도입에 그치게 되고, 장기적으로는 생산성이 저하됩니다.

둘째는 팀장이 먼저 업무표준을 만들고, AI 활용을 팀의 루틴으로 정렬하는 겁니다.

당연히 우리가 지향해야 할 방향은 두 번째입니다. 팀장은 개인의 생산성만 올리는 사람이 아니라, 팀 전체의 속도와 품질을 안정화하는 사람이기 때문입니다.

'이런 변화는 회사 차원에서 도입해야 하는 것 아닌가?'라고 의문을 품을 수도 있습니다. 물론 전사적인 도입이 가장 파급력이 크겠지만(이미 많은 회사들이 AI 트렌스포메이션을 시작하기도 했고요), 그렇지 않더라도 팀장은 팀 내 업무 OS를 충분히 재구축할 수 있습니다. 팀 안에서 일이 진행되는 방식은 결국 팀장의 재량이기 때문입니다.

앞으로 AI가 업무에 들어오는 것은 거스를 수 없는 미래입니다. 아직 그 미래가 도착하지 않은 조직이라 하더라도, 팀장이 먼저 팀을 리빌딩함으로써 미래를 선점할 수 있습니다. 이는 팀에게 강력한 생존력을 부여할 뿐만 아니라, 팀장 개인에게도 어떤 환경에서든 적응할 수 있는 강력한 자산이 될 것입니다.

사실 이 책 전체가 그런 내용에 관한 이야기입니다. 팀의 업무 OS를 바꾸는 방법부터 팀장 개인이 AI를 활용하는 방식까지 담고 있습니다. 먼저 포커스를 좁혀, '팀장 자신의 업무'에 AI를 어떻게 도입할 수 있는지부터 살펴보도록 하겠습니다.

팀장의 업무 스킬에 AI가 결합하면
무엇이 업그레이드될까?

팀장의 업무는 크게 '생산'과 '판단'으로 나뉩니다. 보고서를 쓰고, 회의록을 정리하고, 기획안을 만들고, 이메일을 쓰는 것이 '생산'이라면, 우선순위를 정하고 방향을 선택하며 팀을 설득하는 것은 '판단'입니다. AI는 이 두 가지 영역 모두에서 강력한 힘을 발휘합니다.

1) 생산의 업그레이드

먼저 생산 쪽에서 AI는 팀장에게 '초안 엔진'이 됩니다. 예전에는 팀장이 자료를 모으고, 문장을 다듬고, 형식을 맞추느라 진을 다 뺐다면, 이제는 AI가 초안을 만들고 팀장은 '의미와 정확도'를 책임지는 해석자가 됩니다.

주간보고를 예로 들어볼게요. 팀장들은 보고서에 늘 같은 문장을 씁니다. '이슈는 A이고 대응은 B이며 다음 계획은 C입니다.' 여기서 문제는 문장이 아니라 정보를 모으는 시간입니다. 대기업이라면 팀원들에게 시킬 수도 있겠지만, 지시하고 보고받고 수정하는 과정 자체에 엄청난 공력이 들어갑니다.

이제 AI를 활용하면 이 과정이 획기적으로 단축됩니다. "지난 일주일간의 메신저 대화와 회의록, KPI 변동을 요약해서 '이슈-원인-대응-리스크-다음액션' 프레임으로 정리해 줘"라든가 "지난 한 달간 마켓에서 있었던 규제변화와 그에 따른 시장의 변화, 그리고 고객 반응들을 체크해서 분류하고 타임라인에 맞춰서 분석해 줘"라고 요청하면 됩니다.

팀장은 AI가 만든 초안에서 틀린 정보를 바로잡고 중요한 의미를 강조하기만 하면 됩니다. 덴마크에서 나온 최신 논문이나 어제 발표된 법규까지 순식간에 반영하는 AI의 데이터 수집력과 팀장의 인사이트가 결합된, 차원이 다른 문서를 만들 수 있게 됩니다.

2) 판단의 업그레이드

AI는 팀장에게 수능의 5지선다형 같은 '객관식 옵션 엔진'이 됩니다. 팀장 업무가 힘든 진짜 이유는 과도한 업무량이 아니라 '결정의 부담' 때문입니다. 누구에게 일을 맡길지, 어떤 리스크를 감수할지 선택하는 일은 엄청난 에너지를 소모합니다. 여기에 인간관계와 감정까지 섞이면 머리가 더 아파집니다.

물론 AI가 결정 자체를 대신하는 것은 아니지만, 결정을 돕는 최적의 재료를 제공하는 '옵션 엔진'이 되어줍니다. 긴급 이슈가 터졌을 때 AI에게 "현재 상황을 1) 사실 2) 추정 3) 확인 필요 4) 즉시 조치 5) 메시지로 분류해 줘"라고 요청해 보세요. 복잡한 상황이 일목요연하게 정리되면서 팀장은 한 걸음 뒤로 물러나 전체를 조망할 여유를 얻게 됩니다.

그리고 결정이나 판단이 너무 어려울 때는 AI에게 가능한 해결책을 여러 개 뽑아 달라고 요청할 수 있습니다. **"가능한 해결책을 10가지 나열해 줘"**라고 하면 AI는 불평하지 않고 꾸역꾸역 10가지 해결책을 만들어줍니다. 마음에 드는 안이 나올 때까지 반복 요청을 해도 마찬가지입니다. 속도도 빠르기 때문에 100개의 안을 생성하더라도 시간이 크게 늘어나지 않습니다.

물론 100개의 안이 모두 다를 수는 없을 겁니다. 어느 순간 비슷비슷해지는데, 이는 더 이상 참신한 해결책의 가능성이 없다는 것이니 이미 나온 것들 중에서 선택하면 됩니다. 보통 5가지 정도면 충분합니다. 이렇게 하면 원래 주관식이던 문제가 객관식으로 바뀐 것과 비슷해집니다. 선택지가 눈앞에 놓이면, 그중 답이 무엇인지 혹은 답 자체가 없는지를 판단하기가 훨씬 쉬워집니다.

결국 판단의 속도와 질이 비약적으로 좋아지게 됩니다. 나중에는 **"1번 안과 4번 안을 섞어서 최저비용보다는 시간단축 기조로 수정해 줘"**라고 하면서 팀장이 '편집' 능력까지 발휘해 더 최적화된 결정에 도달할 수 있습니다.

AI를 쓰는 팀이
빨라지지 않는 이유

물론 AI가 만능은 아닙니다. 인간 리더에게는 다행스러운 일입니다. 이들이 모든 것을 다하면 팀장이고 팀원이고 일자리가 없어졌을 텐데, 지금은 분명한 결핍들이 있거든요.

AI를 쓰면 초안은 빨리 나오지만, 얼핏 그럴듯해 보여도 자세히 보면 텅 빈 결과물들이 많습니다. 그런데 문제는 이런 결과물들이 조직에서 점점 늘어나기 시작했다는 겁니다. 최근에는 이런 현상을 '워크슬롭Workslop(일 쓰레기)'이라 부르며 경계합니다.[7] 겉으로는 능숙해 보이지만 실제로는 일을 진전시키지 못하는 AI 생성물이 쌓여 오히려 생산성을 해친다는 얘기죠. KPMG가 최근 4만 8천 명을 대상으로 실시한 설문조사에 따르면 AI 검색 결과를 항상 신뢰한다고 답한 사람은 8.5%에 불과했습니다.[8] 가트너의 또 다른 보고서에서도 소비자의 절반 이상이 AI 검색을 신뢰하지 않으며, 대부분이 중대한 오류를 발견했다고 답하기도 했어요.[9]

이 지점에서 팀장의 역할이 중요해집니다. 팀장은 이제 단순한 검수자가 아니라 '편집장'이 되어야 합니다. "이 문장이 맞나?"를 넘어 "이 문장이 우리 목표에 부합하나?"를 끊임없이 묻고 걸러내야 합니다.

결국 핵심은 '질문과 요청' : 팀장의 메타 스킬

그래서 AI 리더십의 진짜 핵심은 '질문과 요청'입니다. AI를 잘 쓰는 팀장과 못 쓰는 팀장의 차이는 'AI를 잘 아느냐'가 아니라 'AI에게 일을 정확히 시키느냐'입니다. 사람에게도 지시가 애매하면 결과가 엉망이듯, AI는 그 반응이 훨씬 즉각적이고 정직합니다.

팀장이 AI에게 일을 맡길 때 반드시 갖춰야 할 질문의 기본요소는 다음과 같습니다.

> 1) **목적** : 왜 이 일을 하려고 하는가?
> 2) **산출물** : 무엇을 어떤 형식으로 받고 싶은가?
> 3) **기준** : 좋은 결과를 판단할 기준은 무엇인가?(정확도, 톤, 분량, 금지사항)
> 4) **맥락** : 우리 팀과 프로젝트의 배경은 무엇인가?
> 5) **검증** : 반드시 확인해야 할 수치나 출처는 무엇인가?

단순히 "회의록 정리해 줘"라고 하지 말고, **"이 회의 메모를 결정사항/담당자/기한/리스크/추가논의로 정리하고, 10줄 요약과 1페이지 상세 버전 두 가지로 만들어줘. '결정된 것'과 '논의 중인 것'을 섞지 말아줘."** 이렇게 요청하면, 팀장은 회의 뒤에 생기는 '후처리 지옥'을 절반으로 줄일 수 있습니다. 중요한 건 AI가 아니라 팀장의 언어입니다. 정확한 언어는 곧 정확한 실행이니까요.

더 인간적인 일을 하기 위해

팀장들이 진정으로 힘들어하는 지점은 업무량보다 '사람'입니다. 실무자들이 팀장 승진을 꺼리는 이유도 사람들을 돌보는 일에 대한 부담 때문이죠. 팀장은 항상 바쁩니다. 바쁘게 일하다 보면 팀원들의 표정을 놓치고 칭찬의 타이밍을 지나치며 갈등의 불씨를 키우게 됩니다. 그러다 보면 팀 안에 갈등요소가 자라나게 되는데, 조기 발견과 치료의 타이밍을 놓치면 결국 큰 문제로 폭발하게 되죠.

AI를 활용해 보고서 쓰는 시간을 단축했다면, 그 남는 시간은 다시 '사람'에게 돌아가야 합니다. AI는 팀장의 일을 빼앗는 도구가 아니라, 팀장이 사람을 살피고 비전을 제시하는 '진짜 일'을 할 수 있도록 돕는 도구입니다.

경험이 권위였던 시대에서, 데이터와 해석이 리더십의 뼈대가 되는 시대가 왔습니다. 그 뼈대 위에 AI라는 근육을 붙이고, 질문과 요청이라는 기술로 팀을 움직여야 합니다. 팀장은 더 이상 경험과 연륜으로 얻어진 정답으로 버티는 사람이 아니라, AI에게 맡길 것은 과감히 맡기고, 팀의 방향과 의미를 책임지는 것. 그것이 바로 업그레이드된 팀장의 시작입니다.

3 최적화된 '일의 루프' 설계

좋은 팀장은 일을 하는 게 아니라 일이 돌아가게 만든다

팀장의 업무는 '직접 일을 하는 것'이 아니라 '일이 돌아가게 만드는 것'입니다. 하지만 많은 팀장이 매일 '직접 일을 하는 것'에 발이 묶여 있습니다. 보고서 작성, 회의 주재, 승인, 부서 간 조율과 확인 등 하루가 수많은 체크포인트들로 촘촘하고 바쁘게 여겨져 있죠. 문제는 이런 체크포인트가 많아질수록 팀의 속도는 느려진다는 겁니다.

특히 체크포인트에 사람의 책임이나 권한에 대한 것들이 자꾸 덧붙여지면, 일이 늘어나는 것을 넘어 엉뚱한 방향으로 흐르곤 합니다. "이거 누가 알고 있었지?" "누가 확인했어?" 같은 질문이 많아진다는 것은 업무가 루틴화되어 있지 않고 그때그때 주먹구구식으로 결정되었다는 증거입니다. 매뉴얼이 잘 갖춰진 대기업조차 신규사업이나 새로운 과업에서는 이런 시행착오를 겪습니다. 문제는 AI 시대에는 이전보다 '새롭게 해야 할 일'이 압도적으로 많아진다는 사실입니다.

그래서 AI 시대의 팀장은 '관리자'가 아닌 '설계자'가 되어야 합니다. 사람을 관리하는 대신 일의 흐름을 설계해야 합니다. 팀이 같은 실수를 반복하지 않도록, 같은 보고서를 여러 번 쓰지 않도록, 불필요한 회의를 반복하지 않도록 '입력 - 처리 - 출력 - 피드백'이 자연스럽게 이어지는 최적화된 루프Loop를 만들어야 합니다. 여기서 말하는 '최적화'는 단순히 일을 빨리 처리하는 기술이 아닙니다. 일이 끊기지 않게 만들고, 혹여 끊기더라도 어디서 문제가 생겼는지 즉시 파악할 수 있게 만드는 기술입니다.

'루프'의 정의와 본질

업무는 하나의 거대한 흐름입니다. 이때 매번 새롭게 결정하고 판단하는 과정을 거친다면 엄청난 에너지가 소모됩니다. 따라서 기본적인 업무는 가능한 한 시스템 안에서 자연스럽고 자동적으로 돌아가도록 루프를 세팅해야 합니다. 일의 루프는 거창한 이론이 아니라 아주 단순한 구조에서 시작합니다.

1) **입력**Input : 요청, 아이디어, 이슈 등 요구사항이 들어오는 단계
2) **처리**Process : 분석, 결정, 실행이 이뤄지는 단계
3) **출력**Output : 문서, 기능, 캠페인 등 결과물이 나오는 단계
4) **피드백**Feedback : 결과를 측정하고 다음 행동을 조정하는 단계

이런 흐름 하에서 일의 구조와 순서를 세팅해야 합니다. 일이 느려지는 이유는 사람이 게을러서가 아니라 이 루프 중 어딘가가 끊겼기 때문입니다. 입력은 폭주하는데 우선순위를 정하지 않아 처리기준이 없거나, 보고서 형식의 출력은 나왔는데 성과측정을 하는 피드백 과정이 없어 같은 일을 반복하는 경우가 대표적입니다.

이때 팀장이 해야 할 일은 "더 열심히 하자"고 독려할 게 아니라 질문을 바꿔야 합니다. "누가 더 열심히 해야 하지?"가 아니라 "이 루프는 어디서 막히는 거지? 기준이 없는가, 정보가 부족한가, 아니면 승인 구조가 너무 무거운가?"라고 물어야 합니다. 사람을 보는 것이 아니라 루프를 보아야 하고, 보완을 해도 사람을 다그치는

것이 아니라 구조를 세심하게 만들어야 한다는 것입니다. 루프를 보기 시작하면, 팀장의 눈에는 '사람'보다 '병목'이 먼저 보이기 시작합니다. 병목이 보일 때 비로소 진정한 설계가 가능해집니다.

무엇을 자동화하고, 인간은 무엇을 맡을 것인가

경영학에서 매니지먼트Management란 '조직의 목표를 효율적(효율)·효과적(효과)으로 달성하기 위해, 사람·돈·시간·정보 같은 자원을 계획하고Plan, 조직하고Organize, 이끌고Lead, 통제하는Control 일련의 과정'을 말합니다. 즉, 사람이 일을 잘하게 만드는 시스템을 설계하고, 굴리고, 점검해서 결과를 내는 것이 원래적 의미의 매니지먼트입니다.

하지만 현장에서는 매니지먼트가 어느덧 '사람 관리'와 동의어처럼 쓰이고 있습니다. 팀원의 동기를 부여하고 위로하는 일이 리더십의 전부인 것처럼 여겨지기도 하죠. AI 시대의 리더십은 다시 본래의 의미로 복귀합니다. 이제 리더십의 핵심은 '동기부여'를 넘어선 '리소스 분배'입니다. 한정된 자원을 최적화해 일이 잘 돌아가도록 시스템을 설계하는 기술이 곧 AI 시대의 리더십이 됩니다.

팀장은 업무를 몇 개의 단위로 쪼갠 뒤, 어디를 자동화할지, 어디를 사람에게 맡길지 결정해야 합니다. 예를 들어 브랜드의 인스타그램 운영업무가 있다면, 콘텐츠의 '생성'을 사람이 할지 AI가 할지, '검증'과 '책임'을 누가 할지부터 나누는 방식입니다. 생성은 AI, 검증은 사람. 이런 식으로 역할을 나누고, 순서를 만들고, 자동화가 실제로 돌아가도록 실험합니다.

그리고 실험 결과를 모니터링하고 피드백으로 수정·보완합니다. 이때 시간과 비용 같은 리소스는 최소화되면서 결과값은 최대화되는 최적화 지점을 찾습니다. 그렇게 찾은 지점을 루프로 확정해 굴리고, 가끔 일어나는 돌발상황에만 대응하면 매니지먼트가 제대로 작동하는 상태가 됩니다. 여기서 설계를 '매니지먼트'라고 부르고, 그 설계대로 일이 돌아가게 운영하는 것까지 포함해 '리더십'이라고 나눠 생각해도 좋습니다.

다만 '어떤 일을 자동화하고 어떤 일을 사람에게 맡길 것인가'를 감으로 결정할 수는 없습니다. 새로운 일을 새로운 방식으로 하는 것이고, 누구에게도 충분한 경험치가 쌓여 있지 않기 때문입니다. 그래서 자동화와 인간의 역할을 나눌 때는 다음과 같은 네 가지 세팅 기준을 활용할 수 있습니다.

	문제 명확	문제 불명확
인간 영향도 높음	AI 보조 + 인간 검수 (AI-assisted)	인간 전용 (Human-only)
인간 영향도 낮음	완전 자동화 (Automation)	인간 주도 + AI 도구 (Human-led)

1) 완전 자동화 Automation

반복적이고 규칙이 명확하며, 오류의 비용이 낮은 일입니다. 예를 들어 회의 일정 잡기, 문서 포맷 맞추기, 주간 리포트 초안 생성, 템플릿 기반 공지 작성 등이 해당합니다. 사람이 하기에는 조금은 짜증나고 지루하지만, 정확도가 중요한 일을 AI에게 맡기면 속도와 정확성을 동시에 잡을 수 있습니다.

2) AI 보조 + 인간 검수 AI-assisted

속도는 AI가 만들고, 정확도와 책임은 사람이 맡는 방식입니다. AI를 활용해 결과물들을 다양하게 생성해 보고, 그중 선택과 판단을 통해 인간이 책임을 가져오는 겁니다. 제안서 초안 작성, 고객응대 문구 제작, 경쟁사 리서치 요약, 데이터 인사이트 정리, 이메일 답장 같은 업무가 여기에 속합니다.

3) 인간 주도 + AI 도구 Human-led

판단과 메시지는 사람이 주도하고, 자료정리·시뮬레이션·근 거보강을 AI가 돕는 방식입니다. KPI 설계, 팀 설득을 위한 스토 리 구성, 갈등 중재, 위기 커뮤니케이션 등은 사람이 중심을 잡고, AI는 근거와 옵션을 보조하는 구조가 적합합니다.

4) 인간 전용 Human-only

관계성이 필요한 일은 인간이 하는 것이 좋습니다. 윤리, 신뢰, 관계, 책임이 핵심인 일입니다. 성과 면담, 채용 최종 판단, 징계 나 보상 결정, 팀원의 번아웃 케어 등 '사람의 마음'을 다루는 영역 은 인간이 전담해야 합니다. 외부적으로는 고객·협력사와의 만남 처럼 관계가 중요한 업무도 여기에 포함됩니다.

이렇게 팀의 업무를 쪼개서 보면, 어느 파트에 AI를 어느 정 도 도입할지 대략의 윤곽이 잡힙니다. 이 분류의 핵심은 '자동화 가 가능하냐'가 아니라, 'AI에게 맡겨도 되는 일이냐'입니다. 위기 국면에서 AI에게 판단을 맡기면 법적 리스크 관점에서 더 '안전한 문장'이 나올 수는 있습니다. 그러나 그것이 최선인지는 별개의 문제입니다.

예를 들어 쿠팡의 3,300만 명 정보 유출 사건을 보겠습니다. 위기상황에서 책임자의 진정성 있는 사과와 납득 가능한 보상책이 제시되었다면 잘 마무리될 수도 있는 일이었습니다. 하지만 쿠팡의 대응은 기대와 달랐습니다. 외국인 대표를 선임하고 청문회에서는 모르쇠로 일관했으며, 실질적인 오너는 책임을 미루었습니다. 그 결과 국민적 공분이 커지고 불매운동으로까지 번졌습니다.[10]

이 대응이 실제로 AI가 만든 것이라고 말할 수는 없겠지만, 'AI 같은 대응'이었다고는 말할 수 있습니다. 법적 리스크를 최소화하는 방향으로 최적화되었고, 그 과정에서 사람의 마음에 대한 공감과 배려가 빠져 있었기 때문입니다. 앞으로 AI와 일을 나눌 때는 이런 고려가 반드시 들어가야 합니다. AI가 할 수 있는 일은 점점 더 많아질 겁니다. 하지만 팀장이 결정해야 하는 일은 '이걸 AI에게 맡겨도 조직이 안전한가, 고객이 불편하지 않은가, 팀이 상처받지 않는가'입니다.

'휴먼 인 더 루프'에서의 팀장의 역할

《트렌드 코리아 2026》에서 트렌드를 나타내는 키워드로 선정되었던 '휴먼 인 더 루프HITL, Human-in-the-Loop'[11]는 말 그대로 'AI를 활용해 자동화된 시스템의 흐름 속에 사람이 개입하는 구조'를 말합니다. 완전 자동화는 편리하고 효과적일 수 있지만, 정확성·안전·책임·윤리 문제에 부딪힐 수 있습니다. 반대로 모든 일을 인간이 수행하면 생산성 경쟁에서 뒤처질 가능성이 커집니다. 그래서 자동화된 프로세스를 만들되, 사람이 최소한의 수준으로 개입하는 구조를 설계하는 것이 앞으로의 방향입니다.

그런데 여기서 팀장이 빠지기 쉬운 함정이 있습니다. '그럼 결국 내가 다 검수해야 한다는 뜻인가?'라는 오해입니다. AI의 모든 결과물을 직접 확인하려 든다면 그것은 HITL이 아니라 '사람이 병목Human-as-a-bottleneck'이 되는 구조입니다. AI 시대 팀장의 역할은 '매번 직접 승인하는 사람'이 아니라 '어떤 순간에 사람이 개입해야 하는지 규칙Rule을 정하는 사람'이 되어야 합니다. 즉, 팀장은 검수자가 아니라 게이트 디자이너Gate Designer로서 검증 게이트를 설계하는 겁니다.

이 개념을 이해하기 쉬운 사례로 토요타생산시스템TPS의 '지도카Jidoka'를 들 수 있습니다. '인간의 손길이 더해진 자동화'라는 뜻으로, 이상상황이 감지되면 기계가 자동으로 멈추거나 작업자가 라인을 멈출 수 있게 하는 구조입니다. 핵심은 사람이 늘 감시하는 것이 아니라, 이상신호가 발생했을 때만 사람이 개입하도록 설계하는 데 있습니다.[12]

이게 바로 팀장에게 필요한 HITL 감각입니다. 인간이 늘 공정을 들여다보는 것이 아니라, 기계가 이상신호를 감지해 인간에게 보고하면 인간이 판단을 내리는 거죠. 평소에는 자동화 프로세스에 맡기다가, 이상신호가 발생하면 적극적으로 빠르게 개입하는 겁니다.

기업의 업무에서 사람이 들어가야 하는 포인트는 보통 다음과 같이 설계할 수 있습니다.

1) AI가 만든 결과물에서 '확신이 낮다, 근거가 약하다'는 신호가 뜨면 인간이 개입합니다.
2) 법무, 브랜드, 안전처럼 리스크가 큰 영역은 항상 인간 검수를 둡니다.
3) 숫자나 사실처럼 검증 가능한 항목은 출처, 원데이터 확인을 게이트로 고정합니다.
4) 고객 감정이 걸린 메시지는 톤&매너 검수를 필수화합니다.

이처럼 사람이 개입하는 타이밍을 설계하면, 팀장은 모든 일을 보지 않아도 됩니다. 대신 위험한 순간만 정확히 잡아내면 됩니다. 이것이 '최적화'입니다. 최적화는 최대한의 자동화와 최소한의 인간 개입을 균형 있게 조합해, 가장 가성비 좋은 결과를 만드는 겁니다.

여기서 팀장이 기억해야 할 점이 하나 있습니다. 업무 최적화의 목적은 '업무를 덜 하는 것' 자체가 아닙니다. 인간이 개입해야 하는 순간을 더 선명하게 드러내는 것이 진짜 목적입니다.

루프 설계로 팀을 변화시키는 세 가지 원칙

효과적인 루프 설계를 위해서는 세 가지 원칙이 필요합니다.

1) **작게 쪼갠다** : 큰 목표를 작은 실험 단위로 만든다.
2) **빠르게 돌린다** : 회의보다 실행, 실행보다 피드백으로 간다.
3) **기록한다** : 말이 아니라 문서로 남겨 재사용한다.

'두 판 피자 팀two-pizza team'은 초기 아마존의 성장에서 유명해진 원칙으로, 두 판의 피자로 배부를 만큼 작은 팀으로 일하자는 뜻입니다. 팀이 커질수록 회의·조율·보고 같은 커뮤니케이션 비용이 늘어 속도가 느려지기 때문에, 보통 10명 미만(대략 6~8명 규모)의 작은 팀이 더 빠르게 결정하고 실행할 수 있다는 문제의식에서 출발했습니다. 핵심은 인원만 줄이는 게 아니라, 작은 팀이 하나의 제품·기능·문제 영역을 끝까지 책임지는 구조를 만드는 데 있습니다. 루프가 작아질수록 커뮤니케이션 비용이 줄고 의사 결정이 빨라져 루프가 더 빨리 돕니다. 따라서 좋은 루프는 '작게 쪼개고 빠르게 돌리는 것'이 핵심입니다.

또 하나 참고할 만한 사례가 깃랩GitLab의 '핸드북-퍼스트 handbook-first 문화'입니다. 말로 묻기 전에 문서(핸드북)에 먼저 적고 공유하는 방식입니다. 깃랩은 회사 운영방식(프로세스·정책·업무가이드·의사결정기준 등)을 핸드북에 '단일한 진실SSoT, Single Source of Truth'로 정리해 두고, 구성원들이 질문하기 전에 먼저 핸드북에서 답을 찾도록 권장합니다. 이 방식의 목적은 아는 사람을 붙잡고 물어보는 문화를 줄여서, 반복질문·회의·메신저 인터럽트를 줄이고 조직의 정보 접근성을 높이는 데 있습니다. 깃랩은 핸드북을 '살아있는 문서'로 보고, 변경사항이 생기면 먼저 문서에 반영한 뒤 커뮤니케이션·실행으로 넘어가는 흐름을 강조합니다.

이처럼 좋은 루프는 문서로 정리하고 공유하는 문화를 가집니다. 그러면 회의로 소모되는 시간이 줄고, 팀의 지식을 재사용할 수 있게 돼 루프가 안정됩니다. AI는 여기에서 강력한 엔진이 됩니다. 기록을 자동화하고, 요약하고, 표준화하는 데 AI는 특히 강합니다. 팀장은 이 힘을 이용해 회의를 덜 하고도 더 많이 공유되는 팀을 만들 수 있습니다.

이 두 사례가 공통으로 말하는 것은 단순합니다. 루프를 빨리 돌리려면 '작은 단위'와 '기록'이 필요하다는 겁니다.

설계가 잘되면, 팀장은 '사람을 볼 여유'를 되찾는다

최적화된 루프 설계는 단순히 팀장을 편하게 만드는 기술이 아닙니다. 궁극적으로는 팀 전체를 건강하게 만드는 기술입니다. 시스템이 안정되면 팀장에게는 비로소 '사람을 볼 여유'가 생깁니다.

여유가 없는 팀장이 입에 달고 사는 말은 대개 비슷합니다. "빨리빨리" "왜?" "누가 맡았지?" 같은 말들입니다. 재촉과 책임 추궁이 팀장과 팀원 사이의 주된 정서가 됩니다. 팀장은 '나만 바쁜 느낌'에 빠지고, 팀원은 책임감도 위기의식도 없어 보입니다. 그런데 많은 경우 문제는 사람보다 구조에 있습니다. 팀장이 팀원이 일을 할 수 있도록 서포트하는 게 아니라, 팀장이 일을 하기 위해 팀원이 팀장을 서포트하게 되는 구조가 되어버린 겁니다.

반대로 루프를 설계하고, 일을 적절히 배분하고, 루프가 돌아가도록 돕는 역할에 집중하면 팀장에게 여유가 생깁니다. 이 여유는 단순히 시간의 문제가 아니라 마음의 문제입니다. 마음의 여유가 생기면 팀장은 팀원의 표정을 읽고, 작은 성취를 포착하고, 팀의 위험신호를 조기에 발견할 수 있습니다. 그리고 팀을 더 효과적으로 이끌 수 있습니다. 팀원들의 리스펙도 자연스럽게 따라옵니다.

AI 시대의 팀장은 '관리자'에서 '설계자'로 이동해야 합니다. 무엇을 자동화하고 무엇을 인간이 맡을지 결정하고, Human-in-the-Loop의 개입 지점을 설계하고, 일의 흐름 속에서 병목을 제거하는 설계자입니다. 그 설계가 정교할수록 팀은 더 빠르게 움직이면서도, 에이스 팀 특유의 기분 좋은 여유를 갖게 될 겁니다.

4

팀과 팀장
개념의
대전환

팀의 근간이
흔들리기 시작했다

가내수공업이 전 세계의 메인 시스템이던 시절을 지나 공장이 들어서고, 헨리 포드에 의해 컨베이어 벨트 시스템이 채택된 이후 세계는 '분업화'를 제일의 미덕으로 삼아 달려왔습니다. 우리가 아는 '팀'은 바로 이런 분업화의 산물입니다. 큰 기업의 프로젝트를 임원급이 팀장 단위로 나누어 맡고, 그 프로젝트는 다시 여러 요소로 나뉘어 하위 팀에 할당됩니다. 팀 안에서는 다시 그 요소들을 각자의 업무로 세분화하죠. 이처럼 팀 시스템은 철저하게 효율적인 분업을 위해 고안되었습니다.

그래서 우리는 오랫동안 '팀이란 여러 사람이 모여 역할을 나누는 단위'라고 배워 왔습니다. 기획, 실행, 디자인, 분석, 운영 등 기능을 나누고, 팀장은 의사결정을 하며 팀원은 그 결정을 실행하는 구조였습니다. 그런데 AI가 등장하면서 이 '역할 분담의 근거'가 약해지기 시작했습니다. 예전에는 한 사람이 다하기 어려울 만큼 업무량이 많아 자료 조사, 초안 작성, 일정 조율 등의 관리업무를 여럿이 나누어야 했습니다. 하지만 이제 AI가 이 영역을 획기적으로 덜어주면서, 팀을 구성해야만 가능했던 일들을 혼자서도 빠르게 처리할 수 있게 된 겁니다.

기업들이 내놓는 메시지도 달라졌습니다. 쇼피파이Shopify의 CEO 토비 뤼트케는 내부 메모를 통해 AI 활용은 이제 기본 기대치라고 강조하며, 추가 인력이나 리소스를 요청하기 전에 '왜 AI로는 안 되는지'를 먼저 증명하라는 원칙을 제시했습니다.[13]

이는 특정 회사의 선언이 아니라, 기업들이 사람을 더 뽑아 문제를 해결하던 방식에서 AI로 처리량을 먼저 높여보는 방식으로 이동하고 있다는 중요한 신호입니다. 실제로 고용 유연성이 큰 미국에서는 대규모 감원사태가 이어졌습니다.[14] 한국은 고용 구조상 즉각적인 해고 움직임은 덜하지만, 신입사원 채용이 줄어드는 등 인력충원 방식이 변하고 있는 것은 부정할 수 없는 사실입니다.[15]

1인 스페셜리스트 체제의 등장 :
'한 명 + AI'가 팀의 최소 단위가 된다

1인 스페셜리스트란 '한 사람이 특정 문제나 기능, 업무 영역을 처음부터 끝까지 책임지는 형태'를 뜻합니다. 비즈니스 기능까지 확장한 개념으로는 솔로프리너(기획, 개발, 마케팅, 판매, A/S까지 모두 수행하는 1인 사업자)도 있습니다. 예전처럼 여러 사람이 역할을 잘게 나눠 릴레이하듯 일하던 방식에서 벗어나, 한 사람이 오너십을 가지고 설계부터 실행, 개선까지 풀 사이클Full Cycle로 돌리는 방식입니다.

AI 시대에 이 개념이 주목받는 이유는 과거에 팀이 필요했던 작업(자료 조사, 초안 작성, 정리·리포팅, 간단한 분석, 반복 업무 등)의 상당 부분을 AI가 보조하며 개인이 처리할 수 있는 범위가 비약적으로 넓어졌기 때문입니다. 따라서 현실의 1인 스페셜리스트는 '혼자 다 하는 슈퍼맨'이라기보다 '한 사람 + AI 에이전트'의 조합으로 움직입니다. 이는 개인이 갑자기 천재가 된 게 아니라, 보조업무를 시스템이 대신해 주기 시작했다는 뜻입니다.

AI가 업무를 돕고 필요할 때만 외부 전문가와 연결되는 방식이 기본 프로세스가 되면, 팀은 상시적인 구조가 아니라 필요할 때 조합되는 '네트워크'가 됩니다. 실제 기업 사례를 봐도 이런 움직임은 선명합니다. 듀오링고는 'AI-first'를 표방하며 AI가 할 수 있는 일을 더 이상 계약 인력에게 맡기지 않겠다고 밝혔고,[16] IBM은 백오피스 등 자동화가 가능한 직무에 대해 채용 중단 가능성을 언급하기도 했습니다.[17]

이는 팀 자체가 없어지는 게 아니라, 조직이 사람을 묶어두고 업무를 처리하는 방식이 근본적으로 달라지고 있음을 의미합니다.

과도기의 특징 : 팀장들이 갈팡질팡하는 이유

비즈니스의 변화는 대비가 가능할 정도로 완만한 선형곡선을 그리며 오지 않습니다. 어느 순간 갑자기 바뀌어 있는 경우가 많죠. 특히 AI로 인한 변화는 매우 빠르게 조직에 스며들고 있습니다. 그러다 보니 현재 많은 조직이 과도기를 겪고 있습니다. 이 과정에서 팀장들은 몇 가지 문제에 직면합니다.

1) 팀과 직무의 경계가 흐려집니다

팀의 경계가 흐려지고, 팀 내부에서도 역할의 경계가 흐려집니다. 그만큼 서로 넘나들게 됩니다. 예전에는 기자와 일러스트레이터의 영역이 명확히 구분되었습니다. 하지만 지금은 기자가 기사 내용에 맞는 명령어를 넣어 AI로 삽화를 생성합니다. 기사 내용을 가장 잘 아는 기자가 AI 프로세스를 활용해 더 적합한 그림을 뽑아내는 것이죠. 이렇게 되면 확고했던 전문업무의 경계가 무너집니다.

팀 단위에서도 우리 팀의 업무범위가 어디까지인지 모호해집니다. 반대로 말하면 한 팀이 할 수 있는 일의 범위가 무한히 확장되고 있는 셈입니다. 책임소재가 불분명해지는 문제도 뒤따릅니다. 업무경계가 '블러Blur' 처리된 것처럼 흐릿해지기 때문입니다.

2) 팀원을 평가하기가 어려워집니다

AI가 일을 빠르게, 그리고 광범위하게 접근하게 만들어주면서 일과 역할의 경계가 점점 블러 처리됩니다. 그러다 보니 한 사람이 다양한 역할을 하게 되고, 팀장 입장에서는 사람을 평가하기가 점점 더 어려워집니다. 한 사람이 작사, 작곡, 편곡, 가창을 다 하는 PD형 가수처럼 팀원 한 명이 분석가, PM, 운영자의 역할을 동시에 수행하게 됩니다. 팀장 입장에서는 이들을 어떻게 평가해야 할지 난감해집니다.

3) 성과와 경험이 팀에 축적이 안 되고 개인화됩니다

기업 입장에서는 가장 큰 문제일 수 있습니다. 한 사람이 AI를 잘 쓰면 혼자서도 결과를 만들 수 있습니다. 그러면 업무에 대한 경험과 지식이 팀으로 축적되지 않고 개인적으로 소비됩니다. 혼자서 모든 업무과정을 다 아니, 기록으로 하나하나 공유하거나 커뮤니케이션을 거칠 필요가 줄어들기 때문입니다. 결국 팀의 지식은 흩어지고, 팀은 느슨해지거나 분해될 수 있습니다.

여기서 팀장의 리더십이 갈립니다. AI를 잘 쓰는 개인을 칭찬하는 것으로 끝낼 것인가, 아니면 AI가 만든 속도와 지식을 팀의 자산으로 고정할 것인가가 관건이 됩니다. 앞에서 말한 루프 설계가 여기서 결정적으로 중요해집니다.

팀장 개념의 변화 : '상사'에서 '편집장'으로

기존 조직에서 팀장이 결정을 내리는 '상사'였다면, 지금의 AI 트랜스포메이션되는 조직에서의 팀장은 '편집장Editor-in-Chief'에 가깝습니다. 팀이 만들어 내는 결과물의 양과 속도는 AI로 인해 폭발적으로 늘어납니다. 이제는 결과물이 없어서가 아니라, 너무 많아서 무엇을 골라야 할지 헷갈리는 시대입니다.

K-Pop 시장을 예로 들어보겠습니다. 능력 있는 PD는 직접 곡을 만드는 능력보다 수많은 곡 중에서 히트할 만한 곡을 가려내는 '탑백귀(Top 100 귀)' 능력이 중요합니다. 만들어진 곡들의 부분부분을 편집해 더 좋은 노래로 완성하는 능력도 필수적이죠. 즉, 선택과 검증, 편집 능력이 핵심입니다.

이제 팀장이 할 일은 맡겨진 업무를 최선의 방향으로 편집하는 겁니다. 무엇을 버리고 무엇을 살릴지, 무엇을 다음 실험으로 넘길지 결정해야 합니다. 팀장이 '상사'에서 '편집장'으로 거듭나면 권위의 형태도 바뀝니다. 목소리 큰 사람이 아니라, 명확한 기준을 제시하는 사람이 신뢰를 얻습니다.

AI 시대 팀장이 갖춰야 할 3가지 핵심 스킬

편집장의 또 다른 역할은 '연결'입니다. 결과물들을 연결하고, 이를 만드는 1인 스페셜리스트들을 팀이라는 울타리로 연결하는 거죠. 과도기에서 살아남기 위해 팀장에게 필요한 기술은 다음 세 가지로 압축됩니다.

1) 업무를 쪼개는 능력 Decomposition

AI가 업무에 도입되면, 일을 작은 단위로 쪼개 실험해 보고, 빠르게 개선해야 속도가 납니다. 무엇을 자동화할지 결정하려면 일을 쪼개 구조를 만들어 낼 수 있어야 합니다. 결국 '일을 분해하고 재조립하는 능력'이 팀장의 핵심역량이 됩니다.

2) 표준을 만드는 능력 Standardization

1인 스페셜리스트가 늘어날수록 조직은 '개인기'에 의존하게 됩니다. 그런데 개인의 결과물을 지나치게 자유롭게 풀어 놓으면, 결과물들을 합쳐 최종 결과를 만들 때 오히려 팀이 흔들립니다. 그래서 팀장은 1인 스페셜리스트들이 따를 수 있는 결과물의 톤, 데이터의 정의, 보고의 형식, 검증의 기준을 표준화해야 합니다. 표준이 있어야 팀이 분해되지 않고, 지식이 팀 자산으로 남습니다.

3) 연결을 설계하는 능력 Orchestration

고정 팀에서 네트워크로 바뀌면 가장 중요한 질문은 "누구와 언제 연결할 것인가"입니다. 팀장은 사람을 붙잡아 두는 대신, 필요한 순간에 필요한 전문성이 연결될 수 있는 구조를 설계해야 합니다. 즉, 사람과 일과 AI를 '오케스트레이션'하는 역할이 됩니다.

여기까지 오면, 팀장은 더 이상 '팀원들을 관리하는 사람'이 아니라 '일과 사람과 AI를 오케스트레이션Orchestration 하는 사람'이 됩니다. 프로구단의 감독을 떠올리면 쉽습니다. 야구 감독이 선수의 능력치를 세분화해 좌투수 상대 대타나 전문 대수비 요원으로 활용하듯, 팀장도 팀원의 강점을 적재적소에 배치해야 합니다. 또한 개성이 강한 선수들이 팀 문화에 녹아들도록 관리하고, 필요한 순간 적절한 교체와 트레이드로 팀의 승리를 이끌어 내는 감독의 역할이 바로 현대 팀장의 모습입니다.

팀과 팀장이 새롭게 정의된다

AI 시대에 팀은 무너지는 게 아니라 형태가 변하는 겁니다. 팀장도 역할이 바뀌죠. 팀 제도로 굴러가던 조직은 점점 '1인 스페셜리스트 + AI'의 조합이 강해지며, 프로젝트·네트워크 기반으로 재편될 가능성이 큽니다. 그 과정에서 팀장들은 과도기를 겪고, 팀장에게 필요한 스킬도 시시가가 급변합니다.

변화의 기울기가 너무 가파르기 때문에 자칫 굴러 떨어질 것 같은 위기감을 느끼는 사람들도 많습니다. 하지만 팀장이 통제와 관리라는 개념을 벗어나, '일의 설계'라는 개념으로 이동하는 순간 팀은 더 빨라지고 더 위대해질 수 있습니다.

AI가 부담을 덜어주면 사람은 더 사람다운 일을 할 수 있게 됩니다. 즉, 팀장은 '모든 것을 알고 있어야 한다'는 부담에서 벗어나, 새로운 역할을 받아들이게 됩니다.

- 무엇을 자동화하고 무엇을 사람이 할지, 개입 지점을 설계하는 설계자
- 1인 스페셜리스트들이 흩어지지 않도록 공유·기준·우선순위를 정렬하는 조율자
- AI가 만드는 속도 경쟁 속에서 팀이 다치지 않도록 윤리·품질·관계를 지키는 보호자

이런 역할이 익숙해지면 팀장은 AI 시대의 강력한 리더십을 가지게 됩니다. 1인이 10인, 20인의 역할을 하는 시대에, 그 1인 스페셜리스트들을 팀으로 묶어 성과로 연결하는 리더십이 있다면 5명만 모아도 예전의 50인 팀과 비슷한 성과를 만들 수 있기 때문입니다.

강철왕 앤드루 카네기의 묘비명에는 이런 문구가 적혀 있습니다.

"여기 자신보다 더 뛰어난 사람들을 자신의 편으로 끌어들이는 법을 알았던 한 사람이 잠들다."[18]

이 문장은 인재 파워의 중요성을 말하는 동시에, 그 인재를 참여시키고 성과로 엮어내는 리더의 능력이 더 강력하다는 사실을 보여줍니다. 이 말을 AI 시대의 리더십으로 응용하면 이렇게 바꿔 볼 수도 있습니다.

"여기, AI를 가장 잘 쓰는 사람들을 곁에 두고
그들의 힘이 팀의 성과가 되게 만든 리더가 잠들다."

물론 잠들면 안 됩니다. 이런 리더십을 가지고 깨어 일어나, 앞서가야 합니다.

Part
2

생산성
100배를 만드는
팀장의 AI 활용법

1 팀장 능력의 진짜 자산, 데이터 관리

모두 데이터가 될 수 있지만, 아무것이나 데이터가 되는 것은 아니다

이제부터 AI를 잘 쓰는 팀장을 넘어, AI로 팀의 생산성을 실제로 끌어올리는 팀장의 역량을 다뤄 보겠습니다. 앞서 Part 1에서 리더십의 운영체계를 바꾸는 이야기를 했다면, 이제 Part 2에서는 그 운영체계에 '연료'를 넣는 과정을 살펴볼 것입니다. KPI Key Performance Indicator를 설정하고, 이를 스토리로 전환해 팀원들에게 전달함으로써 목표를 설정하는 단계입니다.

그 핵심연료가 바로 '데이터'입니다. 여기서 말하는 데이터는 대시보드나 보고서에 나오는 수치만을 의미하지 않습니다. 팀장이 매일 보고 듣고 결정하는 모든 재료들, 즉 고객의 반응, 팀원의 실행 흔적, 프로세스의 지연, 품질의 신호 등 그 모두가 팀 운영의 데이터가 될 수 있습니다.

하지만 그렇다고 모든 것이 데이터가 되는 건 아닙니다. 무엇이 데이터이고 무엇이 노이즈인지를 구분하지 못하면, AI가 도출한 결과는 오히려 팀을 더 피곤하게 만들 뿐입니다. 특히 데이터가 정리되지 않은 조직일수록 AI는 '똑똑한 혼란'을 만들어 내곤 합니다. 따라서 데이터를 정교하게 정의하는 것에서부터 생산성 혁명은 시작됩니다.

데이터의 정의와 성격이 성패를 결정한다

팀장들이 데이터 앞에서 흔히 하는 착각은 '숫자면 모두 데이디'라고 생각하는 겁니다. 하지만 숫자가 팀 운영 데이터로서 가치를 가지려면 세 가지 원칙이 필요합니다.

1) 정의가 명확해야 합니다

과거 EBS 수능 강의 활용도에 대한 청문회 사례를 보면, EBS측에서는 '전체 고교생 중 68%가 EBS 수능방송을 활용하고 있다'라고 주장한 반면, 국회의원은 11.3%라고 반박했습니다.[19] 두 수치 모두 조작은 아니었지만 '강의를 듣는다'는 정의가 달랐기 때문에 발생한 일입니다. 국회의원이 밝힌 수치는 TV로 보거나 학교에서 단체 시청한 경우 등은 모두 제외하고 오로지 인터넷으로 수강한 경우만 집계한 겁니다. 반면 EBS측은 한 달에 한 번 한 과목이라도 보면 수강한 것으로 간주한 거죠. 이 경우 단체시청이나 스치고 지나간 모든 행위들이 다 포함되는 거예요. 이런 것들이 바로 정의가 엇갈리는 경우죠.

실제 비즈니스 실무에서도 비슷한 일이 자주 일어납니다. 예를 들어 '리드lead'라는 단어 하나만 해도 팀마다 의미가 다릅니다. 어떤 팀은 문의만 들어와도 리드, 어떤 팀은 상담 완료가 리드, 어떤 팀은 결제 직전이 리드입니다. 정의가 다른데 같은 숫자를 놓고 이야기하면 회의는 불통이 됩니다. 이럴 때 데이터는 팀을 똑똑하게 만드는 게 아니라, 팀을 더 피곤하게 만듭니다. 그래서 팀장이 해야 할 첫 번째 일은 '우리 팀에서 말하는 리드는 무엇인가'를 문장으로 못 박는 겁니다.

2) 행동으로 연결되는 데이터여야 합니다

유튜브를 예로 들면 구독자가 100만이 되어도 구독자 5만인 채널보다 수익을 못 내는 채널이 있습니다. 정보성 채널 중에는 구독자는 많지만 팬층이 강하지 않아 공동구매나 쇼핑몰 연결에서 참여가 낮은 경우가 있습니다. 반면 팬심이 강한 채널은 5만 명만 있어도 굿즈, 행사, 유료상품 등으로 꽤 큰 매출을 만들기도 합니다.

이런 경우 비즈니스 관점에서 구독자 수는 좋은 데이터가 아닐 수 있습니다. 활성화율이나 결제전환율 같은 지표가 훨씬 유용합니다. 물론 그렇다고 구독자 수를 무시하라는 뜻은 아닙니다. 다만 구독자 수만 보고 결정을 내리거나 판단을 해서는 안 된다는 뜻입니다.

3) 후행지표보다 선행지표에 반응해야 합니다

전조, 즉 의미 있는 움직임을 파악하면 대비가 가능합니다. 예를 들어 토스는 광고를 클릭한 횟수를 광고 노출횟수로 나눈 값인 CTRClick Through Rate이 하락한 것을 신호로 보고 문제를 정의한 뒤 해결책까지 도출했습니다. CTR은 선행지표이고, 그에 대한 후행지표는 매출입니다.[20] 즉 토스는 매출이 하락한 뒤에 움직인 게 아니라, 매출이 하락할 것 같은 신호를 보고 움직여 매출 하락을 막은 겁니다. 팀이 선행지표에 움직여야 하는 이유가 여기에 있습니다. 결과가 나온 뒤에는 되돌리기 어렵기 때문에, 결과가 나오기 전에 문제해결을 하려면 선행지표를 빠르게 알아차려야 합니다.

정리하면 팀장이 팀 운영 데이터로 써야 하는 것은 다음과 같습니다.

- 정의가 문장으로 고정되어 있는 것
- 숫자가 변하면 액션으로 이어지는 것
- 결과(매출)보다 먼저 움직이는 선행신호인 것

데이터는 '감시 도구'가 아니라 '팀을 보호하는 지도'다

데이터는 '측정'이라는 키워드와 연결이 되고, 측정은 종종 '평가'로 연결됩니다. 그래서 데이터는 팀원들에게 '통제'라는 인상을 주기 쉽습니다. 지표가 비교 가능한 형태로 공개되면 성과가 한눈에 보이게 되기 때문에 팀원들은 부담을 느낄 수밖에 없습니다. 그런데 이렇게 데이터가 '통제'라는 느낌을 가지게 되면 팀의 업무는 부드럽게 돌아가기 어렵습니다. 반대로 데이터가 '보호'의 인상을 주면 팀은 오히려 편안해집니다.

팀원들이 가장 힘들어하는 건 일이 많은 게 아니라 '열심히 했는데 인정받지 못하는 것'입니다. 반대로 팀장이 힘든 건 성과가 안 나온 것 자체가 아니라 '이유를 모르는 상태'입니다. 이때 잘 설계된 데이터는 사람을 겨누는 창Spear이 아니라, 팀의 상황을 보여주는 창Window이 됩니다.

예를 들어 고객센터의 평균응대시간Average Handle Time, AHT이 길어졌다고 가정해 볼게요. AHT가 길면 팀장이 "AHT가 왜 길어지고 있죠? 더 빨리 처리하세요"라고 말할 수 있습니다. 데이터가 통제적으로 쓰이는 경우입니다. 그러면 팀원은 즉시 방어 모드로 들어갑니다. 빨리 끊고, 대충 답하고, 재문의가 늘고, 고객만족이 떨어집니다. 이렇게 되면 AHT는 좋아져 보일 수 있지만 실제 고객경험은 나빠지고, 결국 더 큰 손해로 이어질 수 있습니다.

반대로 데이터를 보호의 방식으로 적용하면 팀장의 워딩은 달라집니다. "AHT가 늘어난 구간이 있습니다. 그 시간대에 문의 유형이 바뀌었는지, 특정 이슈가 생겼는지 같이 살펴봅시다." 이렇게 되면 데이터는 속도 압박이 아니라 원인 탐색 도구가 됩니다. 팀원들은 "내가 느려서"가 아니라 "상황이 바뀌어서"라는 설명을 할 수 있고, 실제로 프로세스 개선을 통해 문제를 해결할 수 있습니다.

여기서 핵심은 지표가 아니라 팀장이 그 지표를 해석하는 프레임입니다. 같은 수치라도, 대응이 달라지기 때문입니다. 팀장이 데이터를 제대로 다루면 팀원들은 개인의 부족함보다 시스템의 개선점을 보게 됩니다. 팀장이 데이터를 제대로 다루기 위한 원칙은 다음과 같습니다.

데이터를 제대로 다루기 위한 4가지 원칙

1) 데이터는 처벌이 아니라 개선을 위한 것이다.
2) 지표는 개인 평가보다 프로세스 개선에 먼저 쓴다.
3) 지표를 공개할 땐 '원인 후보'와 '다음 실험'을 함께 말한다.
4) 숫자만 보지 않고, 현장의 맥락(고객, 상황, 변경점)을 함께 본다.

이 원칙으로 데이터를 다루면 사람을 탓하는 대신 구조를 고치게 되어 팀 문화가 바뀝니다. 그러면 팀원들은 안전감을 가지게 되고, 안전감이 생기면 숨기지 않습니다. 숨기지 않으면 데이터가 더 정확해지고, 데이터가 정확해지면 의사결정이 빨라집니다. 결국 '데이터 → 심리적 안전 → 더 좋은 데이터 → 더 좋은 결정'의 루프가 만들어집니다. 이 루프가 돌아가기 시작하면 생산성은 올라갈 수밖에 없습니다.

팀 운영 데이터는 '지정'이 먼저다 : 딱 12개만 고르자

많은 조직이 데이터 활용에 실패하는 이유는 데이터를 안 모아서가 아니라 너무 많이 모으기 때문입니다. 데이터가 과도하면 각자 자기에게 유리한 수치만 취사선택하게 되고, 결국 데이터는 독이 됩니다. 그래서 팀장은 데이터를 늘리기 전에 '결정용 지표 세트'를 지정해야 합니다. 그래야 데이터가 팀을 보호하고 팀을 빠르게 만듭니다. 기준은 간단합니다.

> "팀 운영 데이터는 많아야 12개, 그중 3개는 반드시 선행지표로 구성한다."

여기서 12개라는 숫자는 사람이 한 달 동안 기억하고, 매주 같은 리듬으로 점검하며, 행동으로 연결할 수 있는 최적의 규모입니다. 이를 '성과 데이터' '과정 데이터' '품질 데이터' '사람 데이터'라는 4가지 묶음으로 안배하면 균형 잡힌 팀 운영이 가능해집니다.

성과 데이터만 보면 팀은 단기성과에 올인하게 되고, 번아웃이 오기 쉽습니다. 과정 데이터에 치중하면 팀원들은 바쁜데 결과가 약해질 수 있습니다. 품질 데이터에 편중되면 안전하지만 느려지

성과 데이터 (결과)	• 성과 데이터는 '잘된 것인지 안 된 것인지'를 말해준다. • **단점** : 성과 데이터만 보게 되면, 팀은 단기성과에 올인하게 되고, 결국 팀원들에게 번아웃이 오게 된다.
과정 데이터 (진행)	• 과정 데이터는 '왜 결과가 그렇게 됐는지'의 원인을 빨리 보여준다. • **단점** : 과정 데이터에 치중하면 팀원들은 바쁜데 결과가 약해질 수 있다.
품질 데이터 (신뢰)	• 품질 데이터는 성과를 내는 과정에서 팀이 고객 신뢰를 깎아 먹고 있지 않은지 체크하게 해준다. • **단점** : 품질 데이터에 편중되면 안전하지만 느려지고 혁신이 멈출 수 있다.
사람 데이터 (지속가능성)	• 사람 데이터는 일의 성패 유무와는 별도로, 팀이 무너지고 있지는 않은지 체크하게 해준다. • **단점** : 사람 데이터만 보면 실행이 더뎌지고 필요한 조치가 늦어질 수 있다.

고 혁신이 멈출 수 있습니다. 사람 데이터만 보면 실행이 더뎌지고 필요한 조치가 늦어질 수 있습니다. 그래서 4가지 묶음이 함께 있어야 합니다.

팀이 취할 수 있는 여러 가지 데이터 중에서 중요한 12개의 지표를 뽑는 방법은 3단계로 정리할 수 있습니다.

Step 1. 우리 팀이 매주 내려야 하는 3가지 결정을 정합니다

지표는 '측정'이 아니라 '결정'을 위해 존재합니다. 그래서 어떤 결정을 해야 하는지 먼저 파악해야 합니다. 그래야 그에 맞는 지표를 선택할 수 있습니다. 예를 들어 다음과 같은 질문을 통해 3가지 결정에 직접 영향을 주는 지표만 남기면 지표 숫자는 자연스럽게 줄어듭니다.

- 이번 주 무엇에 시간을 더 쓸지
- 어떤 일을 멈출지 또는 줄일지
- 무엇을 개선 실험할지

Step 2. 각 묶음별로 3개씩 고릅니다

성과 데이터 3개, 과정 데이터 3개, 품질 데이터 3개, 사람 데이터 3개로 고르면 균형이 생깁니다. 이렇게 하면 팀이 한쪽으로 쏠릴 때 바로 신호가 옵니다.

Step 3. 12개 중 선행지표 3개 정도를 반드시 넣습니다

매출이나 분기실적 같은 지표는 매우 중요하지만, 이러한 것들만 보면 선제적 대응이나 예방 같은 것들이 늦어져 개선할 타이밍을 놓치게 될 수 있습니다. 팀이 빠르게 대응해야 하는 것은 선행지표이기 때문에, 반드시 선행신호를 3개 정도 고정해야 합니다.

■ 마케팅팀의 12가지 지표 예시

성과 데이터	• 유효리드 수(정의 포함) • 유입된 방문객 중 구입 등 행동전환율(CVR) • 신규고객 1명을 확보하는 데 드는 평균획득비용(CAC)
과정 데이터	• 서비스수준지표(SLA) • 퍼널 단계별 이탈률 • 캠페인 제작 리드타임
품질 데이터	• 불량 리드비율 • 재문의율, 클레임율 • 환불·취소율
사람 데이터	• 회의시간(주당) 또는 회의·집중 업무비율 • 야근·주말 업무발생률 • 온보딩, 업무인수기간(성과까지 걸리는 시간)

• 청색은 선행지표

■ 고객지원/CS/운영팀의 12가지 지표 예시

성과 데이터	• 해결건수(또는 해결률) • 고객만족지수(CSAT) • 건당 비용
과정 데이터	• 첫 응답시간(FRT) • 평균응대시간(AHT) • 에스컬레이션율(이관비율)
품질 데이터	• 재문의율 • 품질보증(QA) 점수 • 민원·컴플레인 발생률
사람 데이터	• 피크타임 과부하지표 • 교육·코칭 시간 • 결근율 등 이직·번아웃 신호

■ 영업팀(B2B, B2C)의 12가지 지표 예시

성과 데이터	• 신규 매출 • 목표 대비 파이프라인 매출비율 • 수주율
과정 데이터	• 리드 → 미팅전환율 • 미팅 → 제안전환율 • 세일즈 사이클 길이(리드 유입 → 수주까지 소요일)
품질 데이터	• 예측 정확도 • 초기이탈률 • 계약서 수정·조건 재협상 발생률
사람 데이터	• 콜·미팅당 수주금액 같은 활동량 대비 성과 효율 • 고객관계 데이터 완성도 • 신입이 첫 수주까지 평균기간

■ 품질관리팀(QA/QC/품질보증)의 12가지 지표 예시(제조/서비스 적용 가능)

성과 데이터	• 불량률 또는 클레임률 • 고객 반품·리콜 건수 • 품질비용
과정 데이터	• 검사 리드타임 • 시정·예방조치 완료까지 처리시간 • 변경 요청에서 승인까지 처리시간
품질 데이터	• 근본원인분석 완료율 • 동일결함 재발비율 • 공정능력, 안정성 지표
사람 데이터	• 품질이슈 처리부하지표(동시 오픈 이슈 수 등) • 표준문서 최신화율 • 감사·인증 대비 준비도

■ **경영지원팀(재무/총무/인사/구매 등 공통 성격)의 12가지 지표 예시**

성과 데이터	• 예산집행 정확도 • 비용 절감·회피 금액 • 내부고객만족도
과정 데이터	• 결재 리드타임(요청 → 승인) • 지급·정산 리드타임(증빙 → 지급) • 채용·온보딩 리드타임(요청 → 입사·전배치)
품질 데이터	• 오류율(정산 오류, 지급 오류, 계약서 오류 등) • 컴플라이언스 이슈건수(규정 위반, 감사 지적) • 재작업률(서류 반려율, 계약서 수정 반복)
사람 데이터	• 요청 백로그(미처리 요청건수, 누적일) • 업무자동화율(자동처리 가능한 건 비율) • 피크시즌 과부하(월말·연말 초과근무 발생률)

선행지표에 민감하게
반응해야 한다

선행지표는 결과를 만드는 앞단의 행동에서 고릅니다. 결과지표가 매출이라면 선행지표는 장바구니 담기, 결제 페이지 진입, 결제 시도 같은 것들입니다. 결과지표가 유효리드라면 선행지표는 랜딩 전환, 폼 시작률, 상담연결속도 같은 것들입니다. 결과지표가 고객만족이라면 선행지표는 첫 응답시간, 해결률, 재문의율 같은 지표가 됩니다.

팀장은 매출보다 선행지표에 더 민감해야 합니다. 그래야 '이번 주에 무엇을 해야 하는지'가 보입니다. 그 행동이 쌓여서 결국 매출 같은 결과지표를 바꿉니다. 다만 무엇이 선행이고 후행인지는 팀의 상황과 조건에 따라 달라질 수 있습니다. 앞서 예시로 든 '팀별 12가지 지표'에서 선행지표 후보를 뽑아보면 다음과 같습니다.

1) 마케팅팀 선행지표 후보

① 유효리드 수 : 구매로 이어지는 가장 직접적인 지표

② 유입된 방문객 중 구입 등 행동전환율CVR

③ 불량 리드비율 : 리드 수는 괜찮아 보이는데 매출이 안 나올 때 제일 먼저 잡히는 품질 신호

④ 퍼널 단계별 이탈률 : 고객 기대가 어긋난다는 단계별 경보

⑤ 야근·주말 업무발생률 : 야근과 주말 업무가 많이 발생할수록 팀에 과부하가 누적되고 있다는 신호가 됨

2) 고객지원/운영팀 선행지표 후보

① 첫 응답시간 FRT : 고객만족도 점수CSAT 악화 전에 가장 먼저 흔들리는 대표 지표

② 에스컬레이션율(이관비율) : 프로세스·지식베이스 문제를 조기에 드러냄

③ 재문의율 : '겉으로 처리된 건수'가 실은 해결이 아니었음을
빠르게 알려줌

④ 피크타임 과부하지표(대기열/초과근무) : 서비스 장애, 수요
폭증의 조기경보

⑤ 평균응대시간AHT : 이 데이터는 단독이 아니라 재문의율·
해결률과 세트로 보는 게 안전

3) 영업팀 선행지표 후보

① 목표 대비 파이프라인 매출비율 : 실적이 나오기 전에 '이번
달 위험'을 먼저 알려줌

② 리드 → 미팅전환율 : 수주보다 훨씬 앞단의 건강신호

③ 미팅 → 제안전환율 : 파이프라인 품질신호

④ 세일즈 사이클 길이 : 길어지면 뒤에서 매출이 흔들릴 확률
이 커짐

⑤ 고객관계 데이터 완성도 : 이게 무너지면 예측 정확도·실행
력이 같이 무너짐(조직 기억의 선행신호)

4) 품질관리팀 선행지표 후보

① 검사 리드타임 : 늘어나기 시작하면 뒤에서 출하·납기·품
질 이슈가 연쇄로 터짐

② 시정·예방조치 완료까지 처리시간 : 길어질수록 '문제가 해결되지 않았다'는 신호

③ 근본원인분석 완료율 : 낮아지면 재발률이 뒤따라 올라갈 가능성이 큼

④ 동일결함 재발비율 : 결과처럼 보이지만, 다음의 큰 품질사고를 예고하는 강력한 조기경보

⑤ 품질이슈 처리부하지표 : 공정·제품 변경이 누적되면 품질 변동성이 커짐

5) 경영지원팀(재무/총무/인사/구매 등) 선행지표 후보

① 결재 리드타임 : 조직 전체 속도를 늦추는 대표 병목신호

② 지급·정산 리드타임 : 내부고객 불만·컴플라이언스 이슈가 커지기 전에 먼저 흔들림

③ 재작업률(반려율, 서류 수정 반복) : 프로세스 설계 문제를 가장 빨리 드러냄

④ 요청 백로그(미처리 요청건수, 누적일) : '업무 과부하'가 결과로 디지기 전 조기경보

⑤ 업무자동화율 : 장기적으로 리드타임·오류율을 낮출 수 있는 선행지표(개선여력 신호)

데이터가 흐르는 시스템을 구축한다 : 쌓고 - 공유하고 - 활용하는 루프

데이터는 '지정'했다고 끝나지 않습니다. 이제부터는 '쌓고-공유하고-활용하는' 루프가 필요합니다. 그리고 이 루프가 바로 팀장의 자산이 됩니다. 여기서 중요한 점은 이 과정을 팀장이 전부 수작업으로 하면 안 된다는 겁니다. 사람이 계속 수작업으로 돌리는 구조는 지속성이 떨어집니다. 루프가 자동으로 돌아가도록 설계되어야 합니다.

1) 쌓기

먼저 '쌓기' 단계에서 AI는 매우 유용합니다. 회의록, 메신저 대화, 고객 피드백 같은 비정형 텍스트에서 반복되는 이슈를 뽑고, 요약하고, 태깅해 데이터로 바꿀 수 있습니다. 다만 팀장은 AI가 정리한 내용을 무조건 믿지 말고 '선택적으로' 검증해야 합니다. 요약된 내용이 원문과 일치하는지, 수치가 맞는지, 출처가 있는지 확인이 필요한 지점에만 검증의 눈을 쓰는 방식이 효과적입니다.

2) 공유하기

'공유하기' 단계에서 중요한 건 '단일한 진실SSoT'입니다. 같은 숫자가 여러 파일에 흩어져 있으면 회의는 매번 숫자 맞추기에 빠지게 됩니다. 업데이트가 늦으면 팀장에게는 120이라는 숫자가, 실무자에게는 130이라는 숫자가 객관적 진실이 될 수 있습니다. 그래서 데이터는 반드시 한군데로 모으고, 최신화된 형태로 공유해야 합니다. 대시보드, 메신저, 한 장짜리 주간 리포트 등 방식은 다양해도 좋습니다. 중요한 것은 팀 모두가 '여기가 최신'이라고 믿는 장소가 있어야 한다는 점입니다.

3) 활용하기

'활용하기' 단계에서 중요한 건 데이터의 효용을 이해하고 쓰는 겁니다. 최신 데이터를 모아 놓고도 여전히 "왜 이렇게 됐지?"라고 헤맨다면 데이터는 쓸모가 없습니다. 전환율이 떨어졌다면 "이유가 뭘까요?"가 아니라 "전환율을 좌우하는 단계 중 어디에서 신호가 흔들렸죠?"로 질문을 바꿔야 합니다. "이번 주 실험 2개 중 어떤 걸 확장하고 어떤 걸 접을까요?" "다음 주에 바꿀 변수를 하나만 고른다면 뭘 고를까요?"라는 식으로 질문을 바꾸어야 합니다. 결국 데이터는 '질문을 바꾸는 도구'입니다.

데이터는 생각보다 따뜻하다

사람들은 흔히 데이터 중심 조직을 냉정하다고 생각하지만, 사실 데이터는 팀을 가장 따뜻하게 보호할 때가 많습니다. 문제가 생겼을 때 "누가 실수한 거야?"라며 사람을 공격하기보다 "어디서 막혔지?"라며 문제를 꺼내 '함께 바라보게' 만들기 때문입니다. 질문이 바뀌면 해결과정에서 사람이 덜 다치게 됩니다. 책임을 사람에게 돌리면 결국 사람을 바꾸는 수밖에 없지만, 책임을 구조에서 찾으면 구조를 바꾸는 방식으로 문제를 해결할 수 있습니다.

구조가 정교해지고 효율적으로 바뀔수록 생산성은 올라가고, 중간에 사람 이슈가 생기더라도 팀 문화가 정착된 상태에서는 흔들림이 줄어듭니다. 팀장의 진짜 자산은 데이터를 많이 가지고 있느냐가 아니라, 무엇을 데이터로 볼지 결정하고 그 데이터를 팀의 루프로 돌릴 수 있느냐에 있습니다.

2

AI 시대, KPI와 팀 목표 설정

KPI는 숫자가 아니라 맥락이다

데이터는 팀 운영의 연료입니다. 하지만 연료만 가득 채웠다고 해서 자동차가 저절로 앞으로 갈 수는 없습니다. 어디로 갈지 정해야 하고, 언제까지 어느 속도로 갈지도 정해야 합니다. 이 장에서 다룰 내용이 바로 그것입니다. AI 시대의 팀장은 단순히 숫자를 더 많이 들여다보는 사람이 아니라, 숫자에 '맥락'을 입혀서 팀이 같은 방향으로 움직이게 만드는 사람입니다.

많은 팀에서 KPI는 숫자로 등장합니다. '이번 분기 신규 리드 1,000건' '고객만족도 점수 4.7 달성' '불량률 0.3% 이하' 같은 식입니다. 하지만 이렇게 숫자가 앞서 보이면 팀원들은 곧바로 '어떻게 저 수치를 맞출까'에만 몰입하게 됩니다. 즉, KPI를 수치로만 정의하면 조직은 금방 '숫자 맞추기 게임'에 빠져 버립니다.

문제는 그렇게 억지로 맞춘 숫자가 당초 KPI를 설정하며 기대했던 유효한 가치와 멀어질 수 있다는 점입니다. 의미 없는 KPI 맞추기가 되어버릴 수 있다는 거죠. 목표수치가 의미를 가지려면 최소한 세 가지 맥락이 붙어야 합니다.

- 기준선 Baseline
- 레버 Lever : 바꿀 수 있는 변수
- 제약 Constraint : 바꿀 수 없는 조건

예를 들어 '리드 1,000건'이라는 목표가 있다고 해볼게요. 이 목표가 현실적인지 판단하려면 먼저 지난 분기 평균이 얼마였는지(기준선), 현재 예산과 인력 상황은 어떤지(제약), 전환율을 높이기 위해 무엇을 건드릴 수 있는지(레버)가 함께 제시되어야 합니다. 만약 지난 분기 400건이었고 예산은 그대로인데 1,000건을 요구한다면, 팀은 두 가지 중 하나를 선택하게 됩니다. 무리하게 달려 번아웃이 오거나, 리드의 정의를 느슨하게 조작해 숫자만 맞추는 것이죠. 둘 다 팀을 망치는 길입니다. 다이어트 목표를 한 달에

10kg으로 정해놓고 건강을 해치며 체중만 줄이는 것과 다르지 않습니다.

그래서 팀장은 목표수치를 '분해'해야 합니다. '리드 1,000건'을 달성하려면 방문자 수는 몇 명이어야 하고, 랜딩페이지 전환율은 얼마여야 하며, 상담 연결률은 어느 정도여야 하는지 풀어내는 겁니다. 방문자가 3만 명인데 1,000건의 리드가 필요하다면, 부족한 유입량을 콘텐츠나 광고로 채울지 결정하는 '레버'가 보이기 시작합니다. 이때 비로소 KPI는 종이 위의 숫자에서 현실적인 실행계획으로 바뀝니다.

AI는 목표를 '정하는 기계'가 아니라 '가정을 드러내는 도구'다

AI는 숫자를 분해해 맥락을 만드는 과정에서 강력한 도구가 됩니다. 과거 데이터를 요약하고 채널별 성과를 비교하며, '예산을 10% 늘리면 리드가 얼마나 늘어날지'와 같은 시나리오를 순식간에 만들어줍니다. 특히 AI는 사람의 눈치를 보지 않고 여러 가정을 동시에 뽑아준다는 장점이 있습니다. 팀원 앞에서는 꺼내기 어려운 "이 목표가 정말 가능해?" "목표 달성에 실패할 확률은 얼마나 돼?" 같은 질문도 AI에게는 던질 수 있습니다.

다만 팀장이 경계해야 할 함정이 있습니다. AI가 뽑아낸 숫자가 반드시 정답은 아니라는 점입니다. 목표수치는 결국 하나의 '가설'입니다. 가설은 검증되지 않으면 그저 희망사항일 뿐이며, 막연한 희망은 팀을 지치게 합니다. 팀장은 AI의 예측을 그대로 받아 적는 것이 아니라, 이를 검증하기 위한 실험을 설계하고 그 결과에 따라 수치를 조정하는 관리능력을 발휘해야 합니다.

여기 유명한 반면교사가 하나 있습니다. 미국의 웰스파고**Wells Fargo** 은행입니다. 이들은 고객 한 명당 8개의 상품을 판매하겠다는 '그레이트 8**Going for Gr-Eight**' 전략을 KPI로 내걸었습니다. 이 전략 자체가 나쁜 것은 아니었지만, 문제는 KPI가 조직의 방향이 아니라 생존목표가 되었다는 점입니다. 달성하지 못하면 불이익을 받는 구조가 되자 직원들은 고객 몰래 허위계좌를 개설하기 시작했습니다. 2016년 CFPB(소비자금융보호국)는 웰스파고가 고객 동의 없이 예금·신용카드 계좌를 개설했고, 직원들이 판매 실적을 올리기 위해 고객의 기존 계좌에서 돈을 옮겨 넣는 방식까지 사용해 수수료 등 비용이 발생할 수 있었다고 발표했습니다.[21]

KPI는 불법이 아니었지만, 이 KPI의 실현과정은 불법이 되어버린 것이죠. 실적은 고객에게 가치가 전달될 때 자연스럽게 따라오는 결과여야 합니다. 하지만 KPI 압박이 너무 강하면 이 순서가 뒤집힙니다. 숫자를 억지로 만드는 순간 KPI는 지표가 아니라 조작 대상이 될 뿐입니다. AI 시대일수록 '더 정확한 숫자'보다 '더 건강한 맥락'이 필요한 이유입니다.

AI 시대 KPI의 기본형 : 결과 1개 + 선행 2개 + 가드레일 1개

성과를 내는 팀은 KPI를 한 줄로 끝내지 않습니다. 결과지표 하나만 잡으면 팀은 지름길의 유혹에 빠지기 때문입니다. 그래서 '1-2-1' 구조를 추천합니다. 결과지표 1개(진짜 원하는 것), 선행지표 2개(결과를 예고하는 신호), 가드레일지표 1개(무리한 질주를 막는 안전장치)입니다. 팀이 숫자에 '쫓기지' 않게 만드는 최소한의 안전장치입니다.

예를 들어 고객센터라면 고객만족도 점수CSAT가 결과지표가 될 수 있습니다. 이때 선행지표는 '첫 응답시간'과 '재문의율'이 될 수 있고, 가드레일은 '상담 정화도'나 '민원 에스컬레이션 비율'이 될 수 있습니다. 이렇게 묶으면 팀원들은 압박을 덜 느낍니다. "빨리만 하라"가 아니라 "빨리 하되, 제대로 하자"가 되기 때문입니다. 데이터가 감시자가 아니라 가이드가 되는 겁니다.

마케팅도 마찬가지입니다. 결과를 '유효리드 수'로 잡았다면, 선행지표는 '랜딩 전환율'과 '상담연결비율' 같은 항목이 적합합니다. 가드레일은 '불량 리드비율'이 될 수 있습니다. 숫자는 4개뿐이지만, 회의에서 다루는 품질은 훨씬 좋아집니다. 팀장은 이 작은 세트로 '무엇이 진짜 성과인가'를 끝까지 지켜줄 수 있습니다.

또 하나, 목표수치에는 '달성률의 해석'까지 포함되어야 합니다. 운영지표는 95% 이상이 자연스러운 경우가 많지만, 혁신지표는 100% 달성을 강요하는 순간 실험이 사라집니다. 구글은 OKR**Objectives and Key Results**을 운영할 때 '0.7 정도면 잘한 것'이라는 문화를 가지고 있습니다. OKR을 무조건 100점 목표가 아니라, 다소 불편할 정도로 높게 잡는 스트레치 목표로 쓰기 때문입니다. 구글 re:Work 가이드는 OKR의 스위트 스팟을 60~70%로 설명하며, 평균적으로 0.6~0.7 정도가 기대치라고 밝히고 있습니다.[22] 흥미로운 점은 1.0에 가까운 점수가 나오면 잘했다고 칭찬하는 게 아니라 처음부터 목표가 충분히 야심차지 않았을 가능성이 있다고 해석합니다.

구글은 OKR을 성과관리가 아니라 학습과 정렬을 위한 도구로 쓰고 있는 겁니다. 구글 re:Work 가이드는 낮은 점수를 다음 OKR을 더 잘 세우기 위한 데이터로 보고, OKR을 직원 평가와 동일시하지 말라고 분명히 경고합니다. 그런 의미에서 0.7은 C학점이 아니라, '의도적으로 높게 잡은 목표를 진지하게 밀어붙여 의미 있는 진척을 만든 상태'에 가깝습니다.

이 관점을 현장에 적용하면, KPI를 반드시 달성해야 하는 '결과'가 아니라, 가고자 하는 방향을 알려주는 '과정'으로 쓸 수 있습니다. 따라서 팀장이 KPI를 정할 때에는 '우리는 이 숫자를 100점 시험처럼 볼 것인가, 탐색 지도처럼 볼 것인가'를 먼저 합의해 두는 편이 안전합니다.

AI는 여기서도 유용합니다. 과거 달성 패턴을 바탕으로 목표를 한 점이 아니라 범위로 제안하고, 달성가능성을 추정해 주기 때문입니다. 숫자의 정확도보다, 숫자를 다루는 태도가 팀의 지속가능성을 결정합니다. 그래서 목표를 숫자만으로 쓰지 말고 '한 문장'으로 적어보는 것도 좋습니다.

> "우리는 (목적)을 위해 (결과지표)를 (기간)까지 (수치)로 만든다. 대신 (가드레일)만큼은 넘지 않는다."

이렇게 쓰면 KPI는 통제표가 아니라 팀의 계약서가 됩니다. AI에게는 이 문장을 그대로 입력하면 됩니다. 그러면 AI는 필요한 데이터, 선행지표, 가능한 시나리오를 뽑아주고, 팀장은 그중에서 팀이 감당할 수 있는 선택만 고르면 됩니다.

물론 KPI는 팀마다 다르고, 주어진 조건 등이 다르기 때문에 표준화된 프롬프트라는 건 큰 의미가 없습니다. 사실 표준화될 수 없는 것이기 때문에, 상황별로 다른 답을 뽑아 낼 수 있는 AI 활용이 더 의미가 있는 것이니까요. 다만 방향성에 대한 가이드 정도라 생각하고 프롬프트를 생각해 보면, 다음과 같이 뼈대를 짜고, 필요한 조건들을 추가하는 식으로 하면 될 겁니다.

AI 프롬프트 예시

우리 팀은 [   ] 팀이야. KPI를 결과가 아닌 방향으로 보고, KPI를 수치가 아닌 문장으로 잡으려고 해. 할당 KPI는 [   ]인데, 이 KPI를 다음과 같이 문장화해 줘.

"우리는 (목적)을 위해 (결과지표)를 (기간)까지 (수치)로 만든다. 대신 (가드레일)만큼은 넘지 않는다."

여기서 '목적' '결과지표' '기간'과 '가드레일지표'를 채워줘. 그리고 더불어서 필요한 데이터, 선행지표, 가능한 시나리오 등도 같이 뽑아줘.

성과를 재미있게 접근하기 : 지표의 '콘텐츠화'

KPI를 아무리 잘 설계해도, 팀원들이 압박감만 느낀다면 운영이 어렵습니다. 팀장에게 필요한 것은 숫자를 감추는 것이 아니라 숫자를 '살아있는 콘텐츠'로 바꾸는 일입니다. 즉, 성과지표의 콘텐츠화란 숫자를 '평가'에서 '학습과 게임'으로 전환하는 기술입니다.

과거 스타크래프트가 글로벌 히트를 기록할 때 핵심시스템 중 하나가 '몇 승 몇 패'라는 개인 전적이 쌓이는 구조였습니다. 게임을 한 번만 하고 끝나는 게 아니라, 승패가 계정에 기록되면서 순위시스템 안에서 경쟁하게 되자 사람들이 이 게임의 세계관에 빠져들게 된 겁니다. 게임 내용뿐 아니라 시스템까지 게이밍화한 사례입니다. 최근에는 외국어 학습 플랫폼 듀오링고가 스트릭(연속 학습기록)과 리그(랭킹)로 '학습'을 게임처럼 만들기도 했습니다.

조직 안에서도 KPI를 게임화한 사례가 등장하고 있습니다. 마이크로소프트 콜센터에서는 KPI를 일일 퀘스트와 배지, 미션으로 게임화했습니다. 콜 처리량, 결근, 변경사항 숙지 같은 요소들을 KPI로 두고, 이를 일일·주간 도전과제나 마이크로러닝, 개인화 목표로 만들어 점수와 인정을 즉시 부여하는 시스템으로 운영했습니다. 그 결과 콜 처리량은 10% 증가하고 결근은 12% 감소했으며, 신규정보 숙지·적용은 89% 증가하는 등 생산성 향상으로 이어졌다고 알려져 있습니다.[23]

팀에서 지표를 콘텐츠로 만드는 방법은 의외로 단순합니다.

1) **숫자에 제목을 붙입니다** : '전환율 2.3%'가 아니라 '2.3%의 벽을 넘는 주'처럼 표현합니다.

2) **'이번 주의 배움'을 함께 적습니다** : '왜 지표가 떨어졌나'가 아니라 '어떤 가설이 틀렸나/맞았나'를 남깁니다.

3) **작은 챌린지를 겁니다** : '이번 주는 랜딩전환율 0.2%p 올리기'처럼 작고 구체적인 목표를 잡으면, 팀은 성과를 게임의 퀘스트처럼 다루기 시작합니다.

4) **관객을 만듭니다** : 팀의 성과는 혼자 보는 점수가 아니라, 서로 응원하는 기록이 될 때 오래 갑니다. 주간 리포트가 벌점표가 아니라 하이라이트 영상처럼 느껴지면 팀은 숫자를 피하지 않습니다.

AI는 이런 콘텐츠화를 매우 쉽게 만들어줍니다. 주간지표를 자동 요약하고, 변화요인을 후보로 뽑고, 팀의 실험기록을 엮어 '이번 주 하이라이트 3가지'를 만들어줍니다. 이때 팀장은 그걸 그대로 복사해 붙이는 것이 아니라, 편집하고 수정해야 합니다. 어떤 부분을 지침으로 삼을지, 어떤 부분은 참고만 할지 결정하고, 숫자에 마지막 한 줄을 더합니다.

예컨대 "이 결과는 ○○○님이 특별히 노력해서 지난 분기보다 발전된 모습을 보여주었기 때문입니다" 같은 한 줄이 팀원들에게는 큰 힘이 될 수 있습니다. KPI가 '점수'가 아니라 '여정'이 되는 순간입니다.

AI에 KPI를 제시한 다음 그것을 게임화하는 프롬프트를 입력해 자기 팀에 맞는 게임화된 KPI 게임화 템플릿을 얻을 수도 있습니다. 이에 대한 사례를 제시하는 것은 쉽지만, 사실 별 의미가 없는 일이기도 합니다. 직접 AI에 넣어보면 바로 나오니까요.

정답을 넣어서 바로 무언가를 뽑겠다는 생각은 엑셀이나 PPT를 배울 때의 이야기고, AI와는 대화하면서 답을 찾으면 됩니다. 첫 대화가 어려우면 "무엇부터 물어보면 되냐"고 요청하는 것으로 시작하면 됩니다. 예컨대 위와 같이 KPI의 게임화라면 **"KPI를 게임화하는 사례로 삼을 프롬프트를 만들어줘"**라고 요청하면, 필요한 데이터가 무엇인지 AI가 프롬프트를 만들면서 제시할 거예요. AI에게 '정답'을 요청하지 말고 대화를 하려고 해야 합니다. 조건과 상황에 따라 다 다르게 '적답'을 말해 줄 거예요. 프롬프트도 말이죠.

숫자는 차갑지만, 맥락은 따뜻하다

AI 시대에 접어들며 KPI는 더욱 중요해졌습니다. 숫자를 설정하고 근거 있게 만드는 일이 쉬워졌기 때문이기도 하지만, 더 큰 이유는 숫자가 너무 쉽게 남발될 수 있기 때문입니다. 그렇게 되면 팀은 더 빠르게 망가질 수 있습니다. 숫자에만 의존하고 숫자만 바라보게 되기 때문입니다.

그래서 KPI와 목표수치를 다루는 팀장의 핵심역량은 '정확한 계산'이 아니라 '맥락의 설계'입니다. 기준선과 레버와 제약을 분명히 하고, 목표를 분해해 실행으로 연결하고, 결과지표·선행지표·가드레일을 묶어 균형을 만들고, 숫자를 콘텐츠로 바꿔 팀이 즐겁게 학습하게 만드는 것, 이것이 AI 시대 팀장의 목표설정 방식입니다.

3

KPI를
스토리로
전달하기

___

KPI를 지시문에서
스토리로 바꿔야 한다

KPI를 다루는 팀장들에게는 아주 현실적인 고민이 하나 있습니다. 아무리 똑똑하게 설계된 KPI라도 팀이 납득하지 않으면 모니터 위의 무의미한 글자에 불과하다는 점입니다. 팀장이 "이번 분기 목표는 1,000입니다"라고 말하는 순간, 팀원들은 속으로 계산기를 두드리기 시작합니다. '왜 하필 1,000이지?' '우리 인력으로 가능할까?' '또 누가 실적을 채우려고 던진 숫자일까?'

그래서 이 장의 목표는 명확합니다. KPI를 딱딱한 지시문에서 생생한 스토리로 바꾸는 겁니다. 숫자를 팀의 부담이 아닌 우리 팀이 나아갈 '방향'으로 만드는 과정이죠. 이때 AI는 팀장에게 매우 강력한 도구가 됩니다. 설득 자체를 대신할 수는 없지만, 설득에 필요한 핵심포인트를 훨씬 빠르게 뽑아주기 때문입니다. 실무력에 비해 커뮤니케이션이나 설득력이 부족하다고 느끼는 팀장들에게는 더할 나위 없는 보완책이 될 겁니다.

KPI를 스토리로 전환하는 5단계 프로세스

KPI를 스토리로 바꾼다고 하면 자칫 '감성팔이'라는 부정적인 단어가 연상되기도 합니다. 하지만 한 번 더 생각해 보면 '감성팔이'가 문제가 되는 이유는 비합리적인 감정을 자극해 이성적인 판단을 방해하기 때문입니다. 사실 가장 비합리적인 행동은 아무런 맥락 없이 숫자만 툭 던지는 겁니다. 인간 행동의 메커니즘을 무시하고 숫자만 강조하는 것이야말로 비효율적인 업무지시입니다.

사람의 생각을 바꾸고, 행동을 촉발하는 열쇠는 결국 스토리입니다. 경연 프로그램에 나온 가수가 단순히 노래를 잘하는 것보다, 성대결절의 위기를 극복하고 마지막 무대라는 절실함을 담아

노래할 때 훨씬 큰 감동을 주는 것과 같은 이치입니다. 갈라지는 음색조차 고난 극복의 상징으로 들리게 되죠.

KPI가 제시하는 숫자에 의미가 부여되고 팀원들이 그 의미에 설득된다면, 팀은 훨씬 더 적극적이고 능동적으로 움직입니다. 따라서 팀장은 KPI를 스토리로 바꿔 전달하는 프로세스를 이해하고, 그 역량을 키워야 합니다. 거창한 서사를 만들라는 뜻이 아닙니다. 다음 '5단계의 스토리 전환 프로세스'만으로도 충분합니다. 예를 들어 CS팀이 고객만족도 점수CSAT 4.7을 KPI로 받았다고 가정해 보겠습니다.

| 장면에서 시작합니다 | 긴장을 만듭니다 | KPI를 목적이 아니라 '증거'로 둡니다 | 방법을 변수로 제시합니다 | 역할을 작은 약속으로 나눕니다 |

1) 장면에서 시작합니다

고객이 어떤 순간에 불편해하는지, 현장에서 어떤 일이 반복되는지 '한 장면'을 생각합니다. 예를 들어 '고객이 화가 난 이유는 상담사가 느려서가 아니라, 똑같은 설명을 세 번이나 반복해야 했기 때문입니다'와 같이 현장의 구체적인 장면을 끄집어내는 것이죠.

2) 긴장을 만듭니다

이 장면이 계속되면 어떤 문제가 생기는지를 한 문장으로 정리합니다. 예를 들어 '재문의가 늘면 상담사는 지치고, 고객은 떠납니다' 같은 내용입니다.

3) KPI를 목적이 아니라 '증거'로 둡니다

'우리가 만들고 싶은 변화 → KPI는 그 변화가 맞는지 확인하는 증거' 순서로 말합니다. 여기서 핵심은 KPI를 뒤에 배치해 점수가 아닌 변화의 증거로 인식하게 만드는 겁니다. 예를 들어 "그래서 우리가 만들고 싶은 변화는 첫 응답속도와 재문의율을 낮추는 것이고, 그 결과가 고객만족도 4.7이다." 이 순서가 중요합니다.

4) 방법을 변수로 제시합니다

'열심히 하자'는 모호한 말 대신 '무엇을 바꾸면 되는가'를 말해야 설득이 됩니다. 예를 들어 "평균응대시간AHT을 줄이자"가 아니라 "자주 나오는 문의 10개에 대해 답변 템플릿을 통일하고, 이관 기준을 조정하고, 결제 단계 오류를 제품팀과 함께 수정한다"와 같이 구체적인 개선안을 말해야 합니다.

5) 역할을 작은 약속으로 나눕니다

팀원들은 거대한 목표보다 '내가 이번 주에 뭘 하면 되는지'가 보일 때 움직입니다. 그래서 스토리화의 마지막은 '당신의 이번 주 할 일 한 가지'로 끝나야 합니다.

이 프로세스를 한 문장 구조로 압축하면 이런 형태가 됩니다.

> "우리가 지금 겪는 문제는 A(장면)이고 이대로면 B(위험)입니다.
> 그래서 C(변화)를 만들려 하며, 그 성공의 증거가 D(KPI)입니다.
> 이번 주 우리는 E(변수)부터 바꾸고, 당신은 F(작은 약속)를 맡습니다."

여기에는 KPI만 있는 게 아니라 KPI가 맥락 안에 들어가 있습니다. 이것이 팀장의 스토리여야 합니다. 그냥 KPI만 제시하는 것보다 이렇게 KPI가 맥락 속에 들어가야 팀원들이 수긍하고, 능동적으로 움직일 확률이 높아집니다.

AI로 설득 포인트 추출하기

KPI를 맥락으로 전환할 때 AI는 강력한 도구가 됩니다. 오만 가지 정도의 스토리 버전도 빠르게 만들어줍니다. 다만 '스토리를 많이 생성하는 것'만으로는 충분하지 않습니다. 팀에 맞는 설득구조로 뽑아 쓰는 방식이 효율적입니다. 여기에는 두 가지 활용방식이 특히 효과적입니다.

1) 반발 포인트 기반 시나리오 준비하기

AI에게 "이번 KPI(유효리드 1,000건)에 대해 팀원들이 가질 만한 반발 포인트 10개를 뽑고, 각 반발에 대한 '공감 문장'과 '데이터 근거' '대안 제시' 문장을 세트로 만들어줘"라고 요청해 보세요. 그냥 스토리만 만드는 게 아니라, 팀원들의 부정적인 반응에 대한 스토리를 미리 준비해 두는 거죠.

이렇게 준비하면 팀장은 회의에서 당황하지 않습니다. 누군가 "이거 무리인데요?"라고 말할 때, 얼버무리는 대신 이렇게 말할 수 있습니다.

"맞습니다. 그 우려가 제일 현실적입니다. 그래서 이번 목표는 리드 숫자만이 아니라 불량 리드비율을 가드레일로 같이 보려고 합니다. 숫자를 만들기 위해 품질을 버리진 않겠습니다."

이런 대응은 즉흥이 아니라 '사전에 설계된 안심'에서 나옵니다. 설득은 반박이 아니라 안심입니다. AI는 그 안심을 구성하는 문장 재료를 빠르게 마련해 줍니다.

2) 팀원 페르소나별 메시지 버전 만들기

하나의 상황에서 수많은 스토리를 만드는 것보다, 서로 다른 상황에 맞는 스토리를 각각 하나씩 만드는 편이 더 의미가 있습니다. 그래서 팀원 모두에게 일률적인 메시지를 내는 것보다, 팀원 개개인의 성향과 직무, 역할에 맞는 스토리를 만들어 각 팀원에게 맞춤화된 스토리를 제시하는 것이 훨씬 효과적입니다.

여기서 AI를 활용하면 개인화된 메시지를 만드는 데 유리합니다. 성과 데이터, 회고, 팀원들의 질문, 프로젝트 히스토리 같은 자료를 바탕으로 팀원의 상황과 성향을 반영한 메시지를 만들어 낼 수 있기 때문입니다. 같은 KPI라도 실행 담당자에게는 '이번 수작업이 무엇인지?'가 핵심이고, 경험 많은 시니어에게는 '왜 이 방향이 맞는지?'가 핵심이 될 수 있습니다.

AI에게 "이 KPI에 스토리를 부여하는데 1) 실무자용 30초 버전, 2) 시니어용 2분 버전, 3) 임원 보고용 1분 버전으로 각각 만들어줘"라고 요청하면 메시지의 일관성을 유지하면서도 전달력을 극대화할 수 있습니다.

설득과 공감 포인트를 잡아서 팀원들에게 전달하기

여기서 중요한 것은 말솜씨가 아닙니다. 팀원들이 설득되는 순간은 팀장이 화려한 표현을 쓸 때가 아니라, 팀원이 느끼는 부담을 먼저 인정할 때입니다. 그래서 설득의 첫 문장은 대개 공감입니다.

"이 숫자만 보면 부담스럽죠. 저도 그렇게 느꼈어요."

일단 꺼내 놓은 공감의 한 문장은 팀원의 방어심리를 낮춥니다. 그다음에 데이터와 맥락을 얹어 전달하면, 팀원은 지시를 받는 자세가 아니라 이해를 하는 자세로 KPI를 받아들일 확률이 높아집니다. AI가 인간 팀장의 역할을 대신하지 못하는 부분이 바로 여기입니다. 진정한 공감과 서로를 이해하려는 태도 같은 것들이 실제적 설득으로 이어지게 되는 핵심이 됩니다.

그리고 설득에는 반드시 '포기하지 않을 것'이 함께 있어야 합니다. KPI가 팀을 망치는 순간은 목표를 위해 무엇이든 희생할 때입니다. 앞의 웰스파고 사례처럼 목표가 과도한 압박과 결합되면, 사람은 지름길을 찾게 됩니다. 그래서 팀장이 미리 선언해야 합니다.

"우리는 숫자를 맞추기 위해 고객 신뢰를 깎지 않겠습니다."

"우리는 성과를 위해 팀원을 갈아 넣지 않겠습니다."

이러한 운영철학이 팀의 가드레일이 됩니다. 팀원들은 목표보다 안전을 보고 따라옵니다. 안전이 확보되면, 오히려 도전은 커집니다.

마지막으로, KPI를 콘텐츠로 바꾸는 방법을 설득에도 그대로 적용합니다. 매주 숫자를 발표할 때 성과만 말하지 말고, 이번 주 인사이트와 배움 같은 것들을 같이 말하는 겁니다.

"전환율이 떨어졌습니다"가 아니라 "우리가 세운 가설 하나가 틀렸습니다. 그래서 다음 주에는 변수 하나만 바꿔 실험해 봅시다"라는 식으로 말이죠. 전환율이 떨어졌다는 말은 책임 추궁으로 연결되기 쉽지만, 함께 실험해 보자는 말은 팀이 같이 책임지자는 말로 들립니다. 이처럼 지표의 하락을 개인의 책임이 아닌 팀의 '학습과정'으로 정의할 때 숫자는 더 이상 무서운 평가표가 아닌 성장일지가 됩니다.

AI는 이런 성장일지를 기록하고 요약하는 데 매우 강합니다. 팀장이 놓칠 만한 변화나 요인들도 놓치지 않고 찾아주며, 팀장은 그 내용 위에 사람의 온도를 한 줄 더하면 됩니다. 대개는 감사, 인정, 미안함 같은 감정 표현이 효과적입니다. 다음과 같은 한 줄이 팀을 계속 움직이게 합니다.

"이번 주에 제일 고마웠던 건, 불편한 진실을 먼저 말해 준 사람이 있었다는 거예요."

이 장의 핵심은 간단합니다. AI 시대의 팀장은 KPI를 만들기만 하는 사람이 아니라, KPI가 팀의 이야기로 들리게 만드는 사람입니다. KPI를 스토리로 전환하는 프로세스를 적용하고, AI로 설득 포인트를 빠르게 추출해 메시지를 다듬고, 공감과 가드레일로 팀을 안전하게 정렬시키면 목표는 지시가 아니라 합의가 됩니다. 그리고 합의된 목표는, 놀랍게도 팀을 스스로 움직이게 합니다.

4

주인의식이
아닌
프로의식

주인의식이 아닌 프로의식이
팀의 성패를 결정한다

'주인의식'이라는 말처럼 세대별로 극명하게 다른 감정을 불러일으키는 단어도 없을 겁니다. 하지만 최근에는 대체로 '그런 것은 존재할 수 없다'는 쪽으로 합의가 이루어지는 분위기입니다. 주인이 아닌데 주인의식을 가지라는 말은 그 자체로 모순이기 때문입니다. 가족이 아닌데 가족인 척하는 것과 비슷합니다. 돌아보면 과거의 기업문화는 '주인의식을 가지고 가족처럼 일하라'는 식의 모순적인 토대 위에 세워진 경우가 많았습니다. '주인의식을 가지고 가족처럼 회사 일을 하라'는 식이었잖아요.

이 말이 문제가 되는 것은 보통 고통이나 힘든 일을 분배할 때는 주인의식을 강조하다가도, 성장이나 이익을 분배할 때는 '당신은 절대 주인이 아니다'라는 사실을 뼈저리게 느끼게 하기 때문입니다. 그래서 회사에서 주인의식이라는 말은 최근 들어 금기어처럼 되어가고 있습니다. 특히 잘파세대에게는 더욱 그렇습니다.

물론 주인의식이라는 단어 자체가 나쁜 것은 아니지만, 현장에서는 대개 '경계 없는 헌신'으로 번역되곤 합니다. "3일만 집중적으로 야근하자" "휴가기간에도 업무 확인 좀 부탁해" 같은 말로 흘러가는 거죠. 이런 기조를 가진 팀의 팀원들은 빠르게 마모됩니다. AI 시대에는 이 마모의 속도가 더 빨라질 수 있습니다. AI가 일을 더 빨리 돌려주니, 조직은 무심코 더 많은 양의 업무를 요구하게 되기 때문입니다.

팀장은 이제 팀원들에게 주인의식을 심어주겠다는 생각을 버려야 합니다. 사실 팀장 본인도 주인의식을 가질 필요가 없습니다. 다시 한번 말하지만 주인이 아닌 사람이 주인의식을 갖는다는 것은 어불성설입니다. 지금 우리에게 필요한 건 주인의식이 아닌 '프로의식'입니다.

왜 지금 주인의식보다 '프로의식'이 중요한가

조직이나 팀은 가족이 아닌 프로구단이라고 생각하는 게 맞습니다. 그래서 프로구단에 어울리는 프로페셔널리즘(프로의식)이 필요한 거죠. 주인의식이 '내가 다 책임질게'라는 감성적 접근이라면, 프로의식은 '내 역할을 끝까지 제대로 해낼게'라는 이성적 약속에 가깝습니다. 주인의식이 열정으로 버티는 방식이라면, 프로의식은 기준과 시스템으로 성과를 내는 방식입니다.

AI 시대의 성과는 더 이상 개인의 열정만으로 지속되지 않습니다. 일이 훨씬 복잡해졌고 변화는 빨라졌으며, 한 번의 실수가 파생시키는 리스크는 더욱 커졌습니다. 이럴 때일수록 조직이 기대해야 하는 것은 개인의 희생이 아니라 '정확함'이며, 영웅적인 활약이 아니라 '시스템'입니다.

주인의식이 강한 조직은 초반에 속도가 납니다. 누가 시키지 않아도 알아서 일하고, 빈틈을 메우기 때문입니다. 하지만 그 속도는 대개 특정 개인의 희생 위에서 만들어지며, 희생은 반드시 한계에 부딪힙니다. 업무량이 늘어날 때 주인의식이 강한 사람만 계속 호출된다면, 팀은 결국 '몸이 불타버린 소수'와 '강 건너 불구경하는 다수'로 양극화됩니다. 그래서 팀장은 막연한 독려가 아니라 일의 기준과 책임을 정교하게 설계함으로써 이 양극화를 막아야 합니다.

프로페셔널리즘이 중요한 이유는 명확합니다. AI 시대에는 판단, 커뮤니케이션, 윤리, 고객경험 등 자동화가 어려운 영역의 책임이 더욱 커집니다. 여기서 필요한 것은 '주인처럼 열심히'가 아니라 '프로처럼 정확하게' 처리하는 능력입니다. 예를 들어 고객에게 나가는 안내문 하나도, 예전에는 문장만 매끈하면 됐지만 지금은 다릅니다. 개인정보, 법무 문구, 오해 가능성, 브랜드 톤까지 함께 봐야 합니다. AI가 초안을 뽑아줄수록, 사람은 'AI가 했으니 괜찮겠지'라는 유혹에 빠지기 쉽습니다. 이때 팀장의 역할은 팀원들을 더 정교하게 검수하고 판단하게 만들어주는 겁니다.

여기서 프로의식은 차갑다는 뜻이 아닙니다. 오히려 팀을 덜 다치게 하려는 따뜻한 배려에 가깝습니다. 프로는 자신의 컨디션이 무너질 때까지 무리하게 뛰지 않습니다. 긴 시즌을 버티려면 페이스 조절이 필수임을 알고 있기 때문입니다.

전설적인 만화 《슬램 덩크》에서 주인공 강백호는 부상의 위험이 있는데도, "영감님(감독님)의 영광의 시대는 언제였죠? 난 지금입니다"라고 외치며 코트로 나갑니다. 감동적인 명대사지만, 냉정히 말해 이는 아마추어의 선택입니다. 그 결과 강백호는 긴 재활의 시간을 보내야 했습니다. 이 상황에서 가장 큰 잘못은 선수의 장기적인 미래를 고려하지 않고 내보낸 감독에게 있습니다. 아직 어린 선수의 결기를 꺾고, 장기적인 그의 인생을 바라보고 내보내지 말았어야 했던 거죠. 학생이잖아요.

팀장의 역할도 이와 같습니다. 간혹 주인의식으로 몸을 불태우는 팀원이 있다면 이를 적절히 제어해야 합니다. 한 번의 불꽃보다 '지속 가능한 속도'를 우선하는 것, 그것이 진정한 프로의식입니다. AI가 속도를 올려주는 시대일수록 팀장은 팀의 속도를 안전하게 유지하는 제어장치가 되어야 합니다.

주인의식은 헌신을 요구하지만, 프로의식은 기준을 요구한다

주인의식이 강한 팀은 '사람과 책임'에 집중합니다. 회의 때마다 "누가 책임질 거야?" "누가 할 거야?"라는 말만 오가고 해결은 늘 팀원들이 몸으로 때웁니다. 반면 프로의식이 강한 팀은 '구조와 시스템'에 집중합니다. "이 단계에 검증 게이트를 넣자" "명확한 판단기준을 정하자"는 결론이 나옵니다. 해결의 주체가 사람에서 구조로 이동하는 겁니다.

품질관리QA팀을 예로 들어보겠습니다. 불량이 발생했을 때

"주인의식을 가지고 좀 더 꼼꼼히 확인해 봐"라고 독려하면 당장은 개선되는 듯 보이지만, 결국 야근과 피로가 누적되어 더 큰 사고로 이어집니다. 반면 프로의식으로 접근하면 질문이 달라집니다. "불량이 어느 공정에서, 어떤 조건에서, 어떤 유형으로 반복되지?" "재발을 막는 표준은 뭐지?" "근본원인을 제거하는 CAPA(시정 및 예방조치)를 언제까지 완료하지?"라고 묻습니다. 이 구조를 재구성하는 식으로 가면 팀은 사람을 갈아 넣지 않고도 품질을 끌어올립니다. AI는 이런 반복 패턴을 분석하고 재발 가능성을 경고하는 데 탁월한 능력을 발휘하며 프로의식을 뒷받침합니다. 결국 프로의식이란 '더 열심히'가 아니라 '더 정확하게'입니다.

고객지원CS팀도 마찬가지입니다. 문의가 폭증할 때 "주인의식을 가지고 더 빨리 처리하자"라고 압박하는 것은 하수입니다. 프로의식이 있는 팀은 폭증의 원인이 제품의 결함인지, 프로세스의 병목인지 데이터를 통해 찾아냅니다. 원인이 밝혀지는 순간 팀원은 죄책감에서 벗어나 해결에 집중할 수 있습니다. 데이터가 감시가 아닌 보호의 수단이 되는 순간입니다.

역할의 경계가 흐려질수록 기준은 더 선명해야 한다

AI의 도입으로 역할의 경계가 흐려지고 있습니다. 예전에는 여러 명이 나누어 하던 자료 조사, 초안 작성, 문서 요약을 이제 한 사람이 AI로 처리할 수 있습니다. 그래서 조직은 착각하기 쉽습니다. '그럼 이제 한 사람이 더 많이 하면 되겠네?' 이게 주인의식의 함정입니다. 업무범위가 넓어지는 걸 오직 성장으로만 포장하면 팀은 금방 소진되고 맙니다.

프로의식은 이 지점에서 브레이크 역할을 합니다. 프로는 자기 일을 무한히 확장하지 않습니다. 대신 자신의 일이 무엇인지 정의하고, 그 안에서 최고의 퍼포먼스를 냅니다. 축구의 공격수가 골키퍼 역할까지 도맡지 않는 것과 같습니다. 팀장에게 필요한 능력은 '더 많이 하자'가 아니라 '무엇을 더 잘할지'를 정해 주는 겁니다. 포지션을 분명히 하고 그 안에서 최상의 결과가 나오도록 설계해야 합니다.

AI는 속도를 주지만, 방향과 기준은 여전히 사람의 몫입니다. 팀장이 프로의식을 요구한다는 건, 더 일하라는 뜻이 아니라 우리가 지키는 기준을 함께 정확히 지키자는 뜻입니다.

리더는 프로의식이 발휘되는 환경을 설계하는 사람이다

여기서 팀장의 역할이 결정적으로 바뀝니다. 팀장은 더 이상 "프로답게 해"라고 말하는 사람이 아니라, 프로답게 일할 수밖에 없는 환경을 설계하는 사람입니다. 이걸 '팀 경험 설계'라고 부를 수 있습니다. 팀 경험은 복지나 분위기만이 아니라, 팀원이 일을 시작해서 끝낼 때까지 겪는 모든 것입니다. 업무 정의, 회의방식, 피드백, 데이터 공유, AI 사용규칙 등 전체가 팀 경험이고, 팀장은 팀의 일하는 방식을 포함해 이런 팀 경험을 설계하는 설계자인 겁니다. '팀 경험 설계'의 핵심은 네 가지입니다.

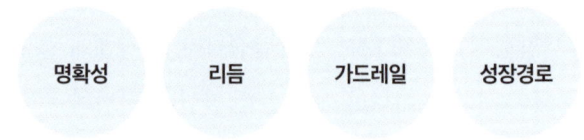

1) 명확성

목표, 우선순위, 역할, 완료기준이 선명해야 프로가 됩니다. "알아서 잘해"라는 말이 사라지고, "이번 주는 이 지표를 0.2%p 올리는 실험을 한다"는 구체성이 필요합니다.

2) 리듬

프로는 매번 전력질주하지 않습니다. 주간 단위의 리듬(점검-실험-회고)이 있어야 지속 가능합니다. AI는 회의록을 자동 정리하고, 결정사항을 남기고, 다음 액션 추적을 자동화해 이 리듬을 유지하게 돕습니다.

3) 가드레일

목표를 위해 무엇을 희생하지 않을지 합의해야 합니다. "리드 수를 위해 품질을 버리지 않는다" "속도를 위해 안전을 버리지 않는다" "성과를 위해 사람을 태우지 않는다" 이런 선언이 팀을 지키는 난간이 됩니다.

4) 성장경로

프로의식은 태도이면서 기술입니다. AI 프롬프트를 어떻게 쓰는지, 데이터를 어떻게 읽는지, 고객 커뮤니케이션을 어떻게 하는지 등 프로로서 필요한 기술을 익힐 수 있는 교육과 코칭 구조를 만들어야 힙니다.

과거에는 팀원들의 경험을 팀장이 모두 알아야 하고, 설계해야 한다는 것이 큰 부담이었지만, 이제는 AI를 활용해 각 팀원들에 맞는 '일 과정 설계' '팀 경험 설계' 초안을 뽑을 수 있습니다. 물론 일률적으로 적용되지는 않을 겁니다. 각 팀마다 특성이 다르고, 팀원마다 개성도 다르니까요. 그래서 AI는 시작점이고, 최종 설계는 팀장이 해야 합니다. 팀의 특성과 팀원들의 현실을 반영해 가감하고, 팀과 합의하며 정교화하는 것이 팀장의 몫입니다.

그리고 팀 프로세스는 결국 '더 열심히'가 아니라 '더 잘'로 옮겨가야 합니다. 프로 축구단에서 감독이 측면 공격수에게 "최근 골이 없으니 더 열심히 뛰어"라고 말하는 건 코칭이 아닙니다. 상황을 분석하고 전술을 설계하고 훈련으로 손발을 맞춘 뒤 실전에 적용하는 것이 감독의 일입니다.

팀장도 마찬가지입니다. 지표가 떨어졌을 때 책임자에게 "더 열심히 해"라고 말하는 건 효과도 없고, 감동도 없고, 무엇보다 팀장의 역할도 아닙니다. 지표를 바꾸기 위한 팀 차원의 설계를 하고, 그 설계에 팀원을 참여시켜 프로세스를 확립해야 합니다. 예를 들어 KPI 공유방식 하나만 바꿔도 팀 문화는 달라집니다. 매주 월요일 숫자만 발표하던 팀이, 숫자 옆에 '이번 주 배움 한 줄'을 붙이기 시작했습니다. 지표가 떨어지면 "우리가 가정했던 전제가 틀렸습니다. 다음 주에는 변수 하나만 바꿔보겠습니다"라고 말하고('누구'가 아니라 '우리가'를 씁니다), 지표가 오르면 "운이 좋았다"로 끝내지 않고 어떤 변수가 유효했는지 찾습니다.

이렇게 되면 회의는 '없는 주인의식을 억지로 끌어 올리는 자리'가 아니라, '다음 게임을 이기기 위한 전술을 맞추는 자리'가 됩니다. 그 가운데 자신의 역할이 분명하게 드러나고, 해야 할 일이 명확해집니다. 숫자는 벌점표가 아니라 분석표가 되고, 팀은 점점 더 '프로'처럼 움직이기 시작합니다.

주인의식이 팀을 불태운다면 프로의식은 팀을 오래 가게 한다

AI 시대의 팀장은 열정을 강요하는 사람이 아니라, 오히려 팀이 열정 하나에만 의지하지 않도록 시스템을 만드는 사람입니다. 주인의식은 때로 화려하게 빛나지만 영원할 수는 없습니다. 반면 프로의식은 화려하지 않아도 묵직하게 오래갑니다. 팀이 오래 가야 성과도 지속됩니다.

주인의식이라는 말로 팀원을 움직이려 하지 말고, 프로페셔널리즘이 자연스럽게 발휘되는 팀 경험을 설계해야 합니다. AI는 팀의 속도를 올려주는 엔진이지만, 그 엔진이 팀원을 태우지 않게 하는 건 팀장의 설계입니다. 팀원들이 주인처럼 일하지 않고, 프로처럼 일할 수 있게 만드는 것이 팀장이 해야 할 진짜 업무입니다.

Part
3

정상루프에서
팀장의
AI 업무 스킬

1   AI로
      팀 업무설계하기

■

열심히 하는데
진도가 나가지 않는 이유

Part 2에서 우리는 '목표KPI - 데이터 - 설득 - 프로의식'을 통해 팀이 같은 방향을 바라보게 만들었습니다. 이제 Part 3에서는 그 방향을 매일의 구체적인 실행으로 바꿀 차례입니다. 업무가 선순환하며 사이클을 탄다는 의미에서 이를 '루프Loop'라 부르고, 일상적인 루틴 업무에 적용되기 때문에 '정상루프Normal Loop'라고 정의합니다. 즉, '정상루프'는 일상 업무가 반복·순환되는 흐름을 뜻합니다.

정상루프에서 AI를 잘 쓰는 팀장은, AI로 일을 대신 처리하는 사람이 아니라 일이 잘 진행되게 만드는 사람입니다. 그리고 그 첫 단추는 바로 '오늘 할 일을 어떻게 설계하고 배치할 것인가'라는 '팀 업무설계'입니다.

팀은 바빠 보이는데 결과가 나오지 않는다면, 문제는 대개 '사람'이 아니라 '업무설계'에 있습니다. 팀장의 업무가 힘든 이유는 팀원들이 일을 못해서가 아니라 일이 잘못 설계되었기 때문인 경우가 많습니다. 해야 할 일은 산더미인데 우선순위는 모호하고, 누가 무엇을 맡을지 애매하며, 진행 도중에 예상치 못한 과업이 툭툭 튀어나옵니다. 그러면 팀원들은 의문에 빠집니다.

'다들 이렇게 열심히 하는데, 왜 진도는 안 나갈까?'

이런 상황에서 팀장은 흔히 회의를 늘리거나 확인 절차를 강화합니다. 하지만 아이러니하게도 그럴수록 팀은 더 느려집니다. 확인 절차가 늘어날수록 일은 결재대기 목록 속으로 빨려 들어가 정체되기 때문입니다. AI 시대의 팀장은 여기서 역할이 바뀌어야 합니다. 관리자가 아니라 '업무설계자'가 되는 겁니다. 그리고 설계자의 첫 번째 무기는 '더 열심히'가 아니라 '세분화' '재배치' '시뮬레이션'입니다. 이 세 가지가 제대로 작동하면 팀은 같은 시간에 훨씬 더 멀리 갈 수 있습니다.

업무 세분화   업무 재배치   시뮬레이션

업무 세분화 :
'큰 일'은 쪼개야 산다

다이어트를 할 때 가장 비현실적인 것은 '세 달 안에 5kg 감량' 같은 목표입니다. 기간은 너무 길고 수치는 너무 커서 오늘 당장 무엇을 해야 할지 감이 오지 않기 때문입니다. 결국 '오늘만 먹고 내일부터 다이어트 시작'이라는 유혹에 빠지게 되죠.

대부분의 프로젝트가 무너지는 이유도 이처럼 '큰 목표' 때문입니다. '론칭 준비' '신규 캠페인' '고객경험 개선' 같은 단어들은 그럴듯해 보이지만 실제로는 팀원을 불안하게 만듭니다. 구체적인 실행방안과 완료상태가 그려지지 않기 때문입니다. 끝이 보이지 않으면 사람은 일을 미루게 되고, 막판에 서두르다 품질을 망치게 됩니다.

그래서 팀장이 먼저 해야 하는 일은 '큰 일'을 잘게 쪼개는 겁니다. 세 달에 5kg보다는 일주일에 500g 감량이 훨씬 현실적입니

다. 이번 주에 술자리만 한 번 걸러도 달성 가능한 목표니까요. 팀장도 이런 식으로 일을 분석하고, 쪼개고, 계획표를 만들어야 합니다. 예전에는 이런 업무분석을 팀장의 경험과 감에 의존했습니다. 하지만 이제는 AI가 훌륭한 초안을 만들어줍니다. AI가 생성한 계획은 최소한 평균 이상의 수준을 보장하므로, 백지에서 시작하는 것보다 훨씬 효율적입니다.

팀장은 AI에게 WBSWork Breakdown Structure의 첫 초안을 맡기면 됩니다. 완벽한 결과물까지 바랄 필요도 없고, 가능하지도 않습니다. 조건과 환경에 따라 다 다르기 때문에, 완벽한 결과가 일률적으로 나올 수는 없습니다. 각 팀의 상황에 맞춰 다음과 같이 요청해 볼 수 있습니다.

■ 영업팀(Sales) WBS 초안 프롬프트 예시

KPI 예시	이번 달 신규 수주 10건(또는 신규 매출 3억 원) 달성
AI 프롬프트 예시	이번 달 '신규 수주 10건(또는 신규 매출 3억 원)'을 달성하기 위한 영업 실행계획을 WBS로 만들어줘. 업무를 1) 기획 2) 제작(준비) 3) 배포(실행) 4) 측정 5) 개선으로 쪼개고, 각 단계별 산출물(에 . 타깃 리스드, 클 스그립트, 제안서 템플릿, 파이프라인 보드 등)과 체크포인트(예 : 주간 파이프라인 커버리지, 미팅 → 제안전환율 등)를 리스트업해 줘. 팀 규모는 4명이고, 주간 단위로 운영할 수 있게 작성해 줘.

■ 품질관리팀(QA/QC) WBS 초안 프롬프트 예시

KPI 예시	다음 분기 불량률 0.8% → 0.5%로 감소(재발률 20% 감소)
AI 프롬프트 예시	다음 분기 '불량률 0.8% → 0.5% 감소(동일결함 재발률 20% 감소)'를 위한 품질개선 WBS를 만들어줘. 업무를 1) 기획 2) 제작(준비/표준화) 3) 배포(현장 적용) 4) 측정 5) 개선으로 쪼개고, 각 단계별 산출물(예 : 결함 분류 체계, 원인분석(RCA) 리포트, CAPA 계획, 검사 체크리스트, 작업표준(SOP) 개정안, 교육자료)과 체크포인트(예 : 공정별 결함률, CAPA 리드타임, 재발률)를 리스트업해 줘. 제조라인 2개와 변경관리(ECN) 절차가 있다는 조건을 반영해 줘.

■ 경영지원팀(재무/총무/인사/구매 공통) WBS 초안 프롬프트 예시

KPI 예시	결재 리드타임 평균 5일 → 2일로 단축(반려율 30% 감소)
AI 프롬프트 예시	이번 분기 '결재 리드타임 평균 5일 → 2일 단축(서류 반려율 30% 감소)'을 위한 프로세스 개선 WBS를 만들어줘. 업무를 1) 기획 2) 제작(템플릿·가이드) 3) 배포(적용·교육) 4) 측정 5) 개선으로 쪼개고, 각 단계별 산출물(예 : 결재 프로세스 맵, 필수증빙 체크리스트, 결재 템플릿, FAQ, 핸드북 문서, 자동 알림 룰)과 체크포인트(예 : 단계별 체류시간, 반려사유 TOP 5, 재작업률)를 리스트업해 줘. 내부고객(요청자)이 5개 부서이고, 월말에 물량이 몰리는 패턴을 반영해 줘.

■ 고객지원/운영팀(CS/Ops) WBS 초안 프롬프트 예시

KPI 예시	재문의율 12% → 8%로 감소 및 CSAT 4.6 유지
AI 프롬프트 예시	이번 달 '재문의율 12% → 8% 감소'와 'CSAT 4.6 이상 유지'를 위한 CS 운영 WBS를 만들어줘. 업무를 1) 기획 2) 제작(지식·스크립트) 3) 배포(운영 적용) 4) 측정 5) 개선으로 쪼개고, 각 단계별 산출물(예 : 문의 유형 분류, 답변 템플릿, 이관 기준, QA 체크리스트, 교육·코칭 플랜, 대시보드 알람 룰)과 체크포인트(예 : FRT, 재문의율, 에스컬레이션율, QA 점수)를 리스트업해 줘. 피크타임(20~22시) 폭증이 있고, 제품 업데이트 후 문의가 늘어나는 패턴도 반영해 줘.

■ 마케팅팀(Growth/Marketing) WBS 초안 프롬프트 예시

KPI 예시	이번 달 유효리드(MQL) 1,500건 확보(불량률 10% 이하)
AI 프롬프트 예시	이번 달 '유효리드(MQL) 1,500건 확보(불량률 10% 이하)'를 위한 캠페인 WBS를 만들어줘. 업무를 1) 기획 2) 제작 3) 배포 4) 측정 5) 개선으로 쪼개고, 각 단계별 산출물(예 : 타깃 페르소나, 메시지 매트릭스, 소재·카피, 랜딩페이지, 트래킹 설계, A/B 테스트 플랜)과 체크포인트(예 : CTR, 랜딩 전환율, CPL, 불량 리드비율)를 리스트업해 줘. 채널은 검색 광고, 콘텐츠, 이메일 3개를 사용한다는 전제로 작성해 줘.

참고로 이 사례들은 예시일 뿐입니다. 이 예시를 그대로 따라하라는 게 아니라, 이런 식으로 일을 쪼개서 구조화하는 것이 프롬프트 하나로 가능하다는 것을 보여주는 겁니다. 그리고 프롬프트를 어떻게 작성해야 하는지 모르겠다면, 팀의 상황과 해당 산업

등 여러 가지 조건들을 알려주고, AI에게 프롬프트를 어떻게 만들어야 되는지 요청하면 됩니다.

이렇게 나온 WBS는 업무의 큰 뼈대입니다. 이때 팀장의 역할은 이를 우리 팀 사정에 맞게 미세조정하는 겁니다. 세분화의 핵심은 단순히 할 일 목록을 만드는 게 아니라, 완료기준Definition of Done, DoD을 명확히 하는 데 있습니다. '랜딩페이지 만들기'가 아니라 '랜딩페이지 : 모바일/PC UI 반영 + 폼 작동 확인 + 전환 트래킹 연결 + QA 체크리스트 통과'처럼 구체적인 종료지점을 설정해야 소모적인 신경전을 줄일 수 있습니다.

업무 재배치 : 일의 순서와 연결을 다시 설계한다

업무를 세분화하면 자칫 일이 너무 많아 보여 팀원들이 불안해할 수 있습니다. 이때 필요한 것이 '재배치'입니다. 재배치는 사람을 바꾸는 게 아니라 일의 순서와 연결을 최적화하는 과정입니다. 일의 흐름을 명확하고 구체적으로 만들어준다는 거죠. 팀장은 업무 재배치 시 다음 세 가지를 점검해야 합니다.

예를 들어 '영상 콘텐츠'를 제작하는 과정을 생각해 볼게요. 대본 → 촬영 → 편집 → 썸네일 → 업로드의 영상 제작 과정에서 '대본 확정'이 늦어지면 촬영이 밀리고, 촬영이 밀리면 편집이 밀리고, 결국 업로드 연기까지 이어집니다. 그렇다면 팀장은 여기서 재배치를 해야 합니다. 대본이 100% 나오길 기다리는 대신 70% 시점에 장비 렌탈이나 장소 섭외 같은 병렬 작업을 먼저 시작하도록 재배치하는 겁니다. 이런 것이 바로 '업무설계'라고 할 수 있죠. AI는 재배치에서도 큰 도움이 됩니다.

의존성 관련 AI 프롬프트 예시

아래 WBS에서 작업 간 의존성을 찾아 A → B(선행 → 후행) 형태로 정리해 줘. 특히 문서·승인·외부요청 같은 숨은 의존성까지 포함해 주고, 지연 시 선제 일성에 영향이 큰 임계경로(Critical Path) 후보도 함께 알려줘.

아래 WBS를 보고 동시에 진행 가능한 작업 묶음(워크스트림)을 찾아줘. 병렬화 조건(무엇이 먼저 있어야 하는지)과 재작업·품질 리스크를 최소화하는 가드레일도 같이 제안해 줘.

아래 WBS에서 검수, 승인, 결정이 특정 사람에게 몰리는 병목을 예측해 줘. 병목 후보 Top3와 전조(어떤 신호로 나타나는지), 그리고 승인 분산, 기준 명문화, 대리 승인 등 즉시 완화책도 함께 제시해 줘.

이런 프롬프트는 대화의 시작입니다. 이 프롬프트로 최종 결과물을 산출한다고 생각하기보다는, 이 첫 대화를 시작으로 이어지는 대화를 통해 자신의 팀에 맞춤한 결과물을 도출한다 생각하고 대화에 임하는 것이 좋습니다.

시뮬레이션 :
'감'이 아니라 '예보'로 운영한다

팀장이 가장 많이 듣는 질문 중 하나가 "언제 끝나요?"입니다.

그리고 가장 자주 하는 답변은 "최대한 빨리요"입니다. 하지만 '최대한 빨리'는 사실 아무런 정보가 되지 못합니다. 팀장조차 종료 시점을 모른다는 고백일 뿐입니다.

그래서 정상루프에서 팀장이 해야 할 일은 일정계획을 수립하고 이를 팀원들에게 확률로 공유해야 합니다. 일기예보처럼 말이죠. 비 올 확률이 70%임을 알면 우산을 챙기듯, 일정 리스크를 알면 우회로를 찾을 수 있습니다. 이것이 시뮬레이션의 목적입니다. 시뮬레이션은 거창한 모델링이 아니라, 아주 실무적인 질문으로 시작합니다.

- 각 작업의 예상 소요시간은?
- 누가 담당하고, 누가 검수하고, 누가 승인하는가?
- 병렬로 가능한가?
- 리스크가 발생하면 대체경로는?

이런 의문을 가지고 실제로 AI에 해당 업무의 시뮬레이션을 해보는 겁니다. 예를 들어 영업팀이 미팅 이후에 제안서·견적서를 작성·발송하는 업무라면, 이렇게 시뮬레이션해 볼 수 있습니다.

　　그리고 마지막은 '시뮬레이션 결과'를 조정해야 합니다. 시뮬
레이션상 2일이 걸린다고 해도, 막상 현장에서는 두 배인 4일은
걸린다는 것을 경험적으로 알고 있으면, 그 부분을 4일이라고 넣
고 다시 흐름설계를 해봐야 합니다. 이것이 바로 팀장의 업무설계
입니다.

팀원 파악과 과업 매칭 : '잘하는 사람'보다 '적합한 사람'을 선택한다

　　업무설계에서 마지막으로 중요한 건 '배치'입니다. 많은 팀장

이 에이스에게 중요한 일을 몰아줍니다. 하지만 이런 방식은 단기성과에는 유리하지만 장기적으로는 팀을 망가뜨리는 구조입니다. 팀이 특정인에게 의존하게 되면 그 사람은 번아웃에 빠지고 나머지 팀원들은 성장 기회를 잃게 됩니다. AI 시대에는 이러한 상황이 더 심해질 수 있습니다. 에이스라면 AI를 잘 활용할 테고, 그럼 결국 원래도 잘하던 사람이 더 많은 일을 가져가게 됩니다. 그러면 그 사람이 빠졌을 때의 공백은 훨씬 더 큽니다.

그래서 팀장은 능력 순이 아니라 일의 특성과 사람의 특성을 매칭해 배치해야 합니다. 실무에서는 다음 네 축에 따라 배치하면 꽤 잘 맞습니다.

1) 정확성 vs 속도

법무나 가격 정책처럼 정확성이 중요한 일은 꼼꼼한 사람에게, 아이디어 발산이나 초안 작성처럼 속도가 중요한 일은 빠른 사람에게 맡깁니다.

2) 창의성 vs 반복 작업

창의적인 일(카피, 콘텐츠 기획, 새로운 캠페인 메시지)은 사람이 주도하고 AI가 자료를 보조하게 하며, 반복적인 일(리포트 정리, 태그 달기, 템플릿 작성)은 AI 자동화를 우선하되 사람이 예외 처리를 담당하게 합니다.

3) 대외 커뮤니케이션 vs 내부 운영

성향(외향형·내향형)에 따라 협상이나 발표에 강한 사람과 프로세스 및 데이터 정리에 강한 사람을 전략적으로 배치합니다.

4) 리스크 큰 일 vs 학습용 일

리스크가 큰 일은 숙련자에게 맡기되, 중요한 일의 일부를 쪼개어 주니어에게 학습용 과업으로 배분함으로써 팀 전체의 역량을 키웁니다.

AI는 팀원 파악에도 도움을 줄 수 있습니다. 팀원의 성과기록, 맡았던 작업, 피드백 메모 같은 자료를 바탕으로 누가 어떤 유형의 일을 잘 해왔는지 요약해 줄 수 있습니다. 하지만 여기엔 반드시 인간의 윤리와 배려가 필요합니다. AI가 사람을 평가하게 만들면 신뢰가 무너집니다. AI는 사람을 재단하는 도구가 아니라, 팀장이 더 공정하게 배치하도록 돕는 메모장 정도로 쓴다고 생각해야 합니다.

팀장은 '일을 나누는 사람'이 아니라 '일이 흐르게 만드는 사람'이다

업무설계가 잘된 팀은 새로운 일이 생겼을 때 '누가 이 일을 할까?'라고 궁금해하지 않습니다. 이미 역할 분담이 잘되어 있어서 누구나 담당자를 직관적으로 알 수 있기 때문입니다. 이처럼 역할이 분명하면 불필요한 회의시간이 줄어들고, 회의 횟수도 줄어들며, 각자는 '프로'로서 자신의 과업을 수행하게 됩니다.

정상루프에서 팀장의 역할은 '내가 일을 더 빨리 처리하는 것'이 아니라, '일을 세분화하고, 재배치하고, 시뮬레이션해서 팀의 흐름을 설계하는 것'입니다. 그리고 그 흐름 위에서 사람을 '능력 순'이 아니라 '특성 매칭'으로 배치해 팀이 지속 가능한 속도로 전진하게 하는 것이죠.

팀원들은 팀장이 모든 문제를 해결해 주길 바라지 않습니다. 자신이 지금 무엇을 해야 하는지 명확히 알고, 막혔을 때 적절한 지원을 받는 구조를 원할 뿐입니다. '내가 지금 뭘 하면 되는지 명확한 상태' '내가 한 일이 어디로 연결되는지 보이는 상태' '막혔을 때 누가 도와주는지 정해져 있는 상태'인 거죠. 이런 요구에 구조 설계로 답해 주는 것이 AI 시대 팀장의 업무입니다.

2 팀의
성과 프레임과
팀원 트래킹

성과 프레임은
투명하고 공정한 운영의 시작

앞에서 우리는 AI로 업무를 세분화하고, 순서를 재배치하며, 일정과 리스크를 시뮬레이션해 보았습니다. 이를 통해 팀의 일하는 '뼈대'를 튼튼하게 세웠습니다. 그럼 이제 팀의 성과 프레임을 어떻게 설정하고, 그 중간성과를 어떻게 트래킹Tracking할 것인지를 고민해야 합니다. 이 부분이 정교하게 설계되어야 팀원들 입장에서도 자신이 어디로 어떻게 가야 할지 명확한 계획을 세울 수 있습니다. 특히 잘파세대일수록 더 크게 가치를 두는 공정함과 투명성 역시 이 성과 프레임과 트래킹 단계에서 반드시 확보되어야 합니다.

지난 2021년, SK하이닉스의 4년 차 직원이 대표이사에게 이메일을 보내 성과급이 기대보다 낮다며 '성과급 산정방식을 공개해달라'고 요구해 큰 화제가 된 적이 있습니다.[24] 사실 삼성전자나 대한항공, 현대자동차는 물론이고 네이버나 카카오 같은 IT 기업들에서도 이와 유사한 사례가 빈번하게 발생하고 있습니다.[25] 그런데 이런 케이스들을 자세히 들여다보면 단순히 성과급 액수가 낮다는 것이 불만의 핵심은 아닙니다. 성과급이 책정되는 과정이 불투명하거나 왜곡되었다고 느껴질 때, 직원들은 대표에게 직접 항의할 정도로 강력하게 반발합니다. 그들의 요구사항 역시 무조건 돈을 더 달라는 게 아니라, 성과급의 산정기준과 과정을 투명하게 공개하고 그 기준대로 지급하라는 것이 주를 이룹니다.

그런 의미에서 팀의 성과 프레임을 명확히 잡고 그 성과를 트래킹하는 방법을 공유하는 것이야말로 투명하고 공정한 운영의 시작이라고 할 수 있습니다. 정상루프의 힘은 '잘 설계된 일'이 '잘 측정되는 성과'로 이어질 때 비로소 완성됩니다.

잘 설계된 성과 프레임은 '중간평가'를 가능하게 합니다. 이는 일종의 가이드 역할인 거죠. 산 정상에 도착하고 나서야 '아, 제대로 길을 찾아왔구나' 하고 안심하는 게 아니라, 산행 도중 등산로

곳곳에 설치된 안전 로프를 보며 내가 정상을 향해 잘 가고 있음을 수시로 확인하는 것과 같습니다. 이러한 확인 과정이 팀원들에게 안정감을 줍니다.

많은 팀이 KPI를 하나의 숫자로만 기억합니다. '이번 달 신규 리드 1,000건' '불량률 0.5% 이하' '고객만족도 4.7점' 이런 식입니다. 하지만 이렇게 최종 숫자만 바라보고 있으면 아침에는 '부족함', 오후에는 '초조함', 밤에는 '자책' 혹은 '합리화'로 하루를 마감하게 됩니다. 이렇게 되면 팀원들은 일하는 내내 정체를 알 수 없는 불안함이라는 부정적인 감정의 소용돌이에 시달리게 되고, 팀은 쉽게 지쳐버립니다.

그래서 팀장이 성과 프레임을 세운다는 건 이러한 부정적인 감정 루프를 끊어주는 일입니다. 지금 우리가 위치한 단계는 어디인지, 목표성과에 어느 정도 가까이 왔는지 수시로 확인할 수 있게 함으로써 팀에게 '예측 가능성'이라는 긍정적인 요소를 제공하는 겁니다.

수치적 성과만 보지 말고, 중간성과를 설계하라

중간성과는 결과라는 목적지로 가는 '계단'입니다. 결과가 건물의 10층 꼭대기라면 중간성과는 1층부터 9층까지 연결된 계단입니다. 계단이 없으면 사람은 위로 올라갈 수 없습니다. 엘리베이터를 타도 1층부터 9층을 거쳐야 10층에 다다를 수 있습니다. 속도만 다를 뿐 거쳐야 할 단계는 반드시 존재한다는 뜻입니다.

다만 '리드 1,000건 확보'가 최종 목표일 때 단순히 100건, 500건 달성을 중간성과라고 보기는 어렵습니다. KPI 중에는 이렇게 숫자로 딱 떨어지지 않는 것도 많기 때문입니다. 따라서 팀장은 구조적인 중간성과를 설계해야 합니다. 예를 들어 '리드 1,000건 확보'가 KPI라면 중간 단계에서는 다음과 같은 요소들을 점검할 수 있습니다.

- **유입** : 노출과 클릭이 충분한가?
- **전환** : 랜딩페이지 전환율과 폼 작성 완료율이 건강한가?
- **품질** : 불량 리드비율이 낮고 상담 연결률이 유지되는가?
- **전환 이후** : 미팅전환율이나 제안서 요청률이 정상적인가?

이러한 중간성과 지표들은 최종 결과를 미리 예측하게 해주고, 팀원들에게 '오늘 내가 해야 할 일'을 명확하게 보여줍니다. 최종 숫자는 팀원을 몰아붙여 압박하지만, 중간성과는 팀원을 움직이게 만듭니다.

중간성과의 핵심은 '실제 행동으로 연결되는 지표'만 계단으로 삼는 것입니다. 예를 들어 콘텐츠팀이 단순히 '조회수'만 들여다보면 마음만 조급해질 뿐, 할 수 있는 일이 많지 않습니다. 대신 완독률이나 시청 유지율, 저장 및 공유율, 혹은 클릭 같은 다음 행동을 중간성과로 잡으면 팀은 훨씬 안정적으로 움직일 수 있습니다. 영업팀도 마찬가지입니다. '이번 달 수주 10건'이라는 결과만 보면 지옥 같겠지만, 리드 대비 미팅전환율이나 파이프라인 커버리지, 제안서 발송 리드타임 같은 계단을 확인하면 오늘 해야 할 일이 선명해집니다. 제조나 품질팀도 단순히 '불량률'만 볼 게 아니라 공정별 이상징후나 검사 리드타임 등을 중간성과로 잡아야 합니다. 결과는 뒤따라오는 것이지만 중간성과는 앞에서 방향을 잡아줍니다.

이런 중간성과를 설계할 때 AI는 큰 도움이 됩니다. 팀의 상황과 KPI, 팀원 구성 등을 입력하고 일의 흐름에 따른 중간성과 프레임을 설정해 달라고 요청할 수 있기 때문입니다.

중간성과를 '제시'하는 순간, 트래킹은 내비게이션이 된다

팀원 트래킹이란 '팀원이 맡은 일이 계획대로 진행되는지, 어디서 막혔는지, 어떤 지원이 필요한지를 지표와 기록, 대화를 통해 꾸준히 확인하는 과정'입니다. 하지만 많은 팀원이 이 트래킹을 불편하게 느낍니다. 트래킹이 업무가 아닌 '사람을 감시'하는 행위로 오해받기 때문입니다. 하지만 진정한 의미의 트래킹은 진행상황을 가시화해 팀장을 도와주고 성과와 성장을 연결하는 관리 기술입니다.

물론 트래킹이 기본적으로 중간성과를 체크하는 일이다 보니 팀원들이 오해하는 것은 충분히 이해할 만합니다. 그렇기에 더더욱 중간성과를 구조적으로 설계해 놓는 것이 필요합니다. 구조가 잡히면 트래킹의 대상은 '사람'이 아니라 '흐름'이 됩니다. 팀장이 묻는 질문도 자연스럽게 바뀝니다. "왜 아직 안 했어?"가 아니라 "어느 단계에서 흐름이 막혔지?"라는 질문이 나갑니다. 전자는 담당자를 공격해 방어기제를 만들지만, 후자는 구조적인 문제를 짚어주어 해결책을 찾게 만듭니다.

여기서 AI를 잘 활용하면 이 과정이 훨씬 부드러워집니다. 작업 로그나 회의 메모, 지표들을 모아 "현재 3단계까지 완료되었고 4단계에서 정체 중입니다"라는 식으로 객관적인 진단을 내려주기 때문입니다. 이때 팀장은 중간성과를 '점수표'처럼 들이밀지 말고 팀의 '공용지도'로 만들어야 합니다. 지도에는 벌점이 없습니다. 대신 목표에 도달하기 위한 '우회로'가 있을 뿐입니다. 예를 들어 전환율이 떨어졌을 때 누군가를 탓하기보다, AI로 지난 2주간의 변경이력을 요약해 어떤 변수가 지표에 영향을 주었는지 후보를 뽑아보는 겁니다. 그러면 팀원은 평가를 피해 숨지 않고 함께 원인을 찾게 됩니다. 트래킹이 감시가 아니라 학습이 되는 순간입니다.

미스터 비스트의 도전이
팀장에게 가르쳐 주는 것

얼마 전 세계적인 유튜버 미스터 비스트MrBeast의 콘텐츠를 보는데, '공중에서 30일 동안 생활하기'라는 도전이었습니다. 도전자는 30일 동안 잘 버텼고, 마지막 30일째 되는 날 특별한 제안을 받습니다. 가느다란 파이프 위를 걸어, 떨어지지 않고 옆 포스트까지 갔다 오면 원래 상금인 25만 달러의 두 배인 50만 달러를 주겠다는 제안이었습니다. 도전자는 고민 끝에 새로운 도전을 포기하고 25만 달러(약 3억 6천만 원)를 받는 안전한 길을 택했습니다. 나중에 재미 삼아 해본 파이프 타기에서 도전자는 결국 실패했고, 그는 시도하지 않기를 정말 잘했다며 안도했습니다.[26]

팀의 KPI 운영도 이와 같습니다. 정해진 숫자를 맞추기 위해 무리하게 계속 도전할지, 아니면 안전하게 멈추고 품질을 지킬지를 매주 판단해야 합니다. 예를 들어 리드 목표가 1,000건이고 이미 900건을 달성했다고 가정해 봅시다. 이때 팀장이 "무조건 1,000건을 채워보자!"라고 외치면, 현장에서는 리드 정의를 느슨하게 바꾸거나 품질 낮은 채널을 무리하게 늘리는 식의 선택을 합니다. 숫자는 맞추겠지만 결국 다음 달에 클레임이 터지고 영업팀이 고생하게 됩니다. 무리한 질주로 그동안 쌓아온 신뢰를 한순간에 날려버리는 셈입니다.

그래서 적절한 지표에서 '스톱'하는 것도 전략입니다. '900건에서 멈추자'가 아니라, '남은 100건은 숫자 채우기가 아닌 품질을 올리는 실험으로 대체하자'라고 설계하는 겁니다. 예컨대 불량 리드비율을 낮추기 위한 랜딩페이지 개선이나 상담연결속도 개선 같은 중간성과로 초점을 옮기는 거죠. 그러면 팀은 안정적인 성과를 바탕으로 다음 달에 더 큰 도약을 준비할 수 있습니다.

팀장이 이런 판단을 내리려면 중간성과에 대한 정확한 인지가 필수적입니다. 제품팀이 기능을 더 추가하고 싶어 할 때, 팀장은 버그 발생률이나 품질 같은 '중간성과 계단'을 보고 판단해야 합니다. 계단이 이미 빨간불인데 기능을 얹으면 사고가 날 확률이 높고, 계단이 안정적이라면 추가를 승인할 수 있습니다. 팀의 결정을 팀장의 주관적인 의견이 아니라 중간성과라는 리스크 신호에 근거해 만드는 것이 핵심입니다.

AI는 여기서 판단을 도와주는 '빠른 시뮬레이터' 역할을 수행합니다. 과거 데이터를 바탕으로 현재의 중간성과 지표가 향후 어떤 결과를 가져올지 예측해 줍니다. '이 기능을 추가하면 테스트 시간이 얼마나 늘어나고 출시 일정이 얼마나 밀릴지'를 가설 기반으로 계산해 줍니다. 비록 완벽한 예측은 아닐지라도 팀장의 감과 경험에 의존하던 영역에 훌륭한 판단 근거를 제시해 줍니다.

중간성과를 정교하게 설계하면 팀원 트래킹은 자연스럽게 쉬워집니다. 팀장의 시선이 '사람'이 아닌 '구조와 흐름'을 향하기 때문입니다. 또한 나아갈 때와 멈출 때를 결정하는 프레임을 갖추면 팀의 속도는 안전해집니다. 왜냐하면 "더 가자"와 "여기서 멈추자"를 감정이 아니라 신호로 말할 수 있기 때문입니다. 정상루프에서 팀장이 하는 일은 결국 이것입니다. 성과를 늦게 확인하는 게 아니라, 미리 보이게 만들고, 나아갈 때와 멈출 때를 설계하는 겁니다.

3 커뮤니케이션과 피드백, 그리고 코칭

말의 양을 조절하는 것이 아니라 구조를 설계해 마찰을 줄이는 것

앞에서 우리는 일을 쪼개고 재배치해 흐름을 만들었습니다. 그리고 결과 수치에만 매몰되지 않고 '중간성과'라는 계단을 세워 어디까지 왔는지를 보이게 했죠. 그런데도 팀이 흔들릴 때가 있습니다. 업무는 잘 설계되어 있고 성과 프레임도 명확한데, 이상하게 진도가 더디고 팀원들의 피로가 쌓이는 것이죠. 이때 원인을 따라가 보면 대개 한 곳에서 만납니다. 바로 '커뮤니케이션'입니다.

팀의 커뮤니케이션은 공기와 비슷합니다. 평소에는 그 소중함을 느끼지 못하지만, 미세먼지로 공기가 탁해지면 모든 사람이 즉각 영향을 받습니다. AI 시대에는 이 공기가 더 쉽게 탁해집니다. 문서와 메시지, 보고서가 AI를 통해 비약적으로 빨리 생성되기 때문입니다. 일의 속도가 붙다 보니 커뮤니케이션을 해야 하는 양이 절대적으로 많아지는 거예요. 하지만 속도에 방향이 따라가지 못하면 허공에 뿌려진 정보량만 늘어날 뿐, 공기는 더욱 혼탁해집니다.

따라서 정상루프에서 팀장이 해야 할 일은 단순히 말의 양을 조절하는 것이 아니라, 말이 오가는 '구조' 자체를 설계해 소통의 마찰을 줄여야 합니다.

준비는 3일 전, 회의는 30분, 공유는 3분

팀 커뮤니케이션을 최적화하기 위해 제안하는 규칙은 단순합니다. 바로 '준비는 3일 전, 회의는 30분, 공유는 3분 안에' 이 규칙은 회의를 실질적인 '결정장치'로 되돌려놓기 위한 약속입니다. 회의가 길어지는 이유는 토론을 좋아해서가 아니라, 회의실 안에서야 비로소 자료가 모이고 맥락이 공유되기 때문입니다. 상황을 파악하는 데 시간을 다 쓰다 보니 정작 중요한 결정은 내리지 못한 채 다음 회의를 기약하게 됩니다. 회의가 회의를 낳는 악순환입니다.

준비는
3일 전

회의는
30분

공유는
3분

1) 준비 3일 전 : 맥락 공유와 상황 파악을 끝내는 시간

'준비 3일 전' 규칙은 회의실 안에서 일어나는 낭비의 고리를 끊어줍니다. 여기서 3일은 상징적인 숫자로, 회의 전에 완벽한 공유가 이루어져야 함을 뜻합니다. 팀장은 회의 전에 1페이지짜리 프리리드Pre-read(미리 읽는 문서)를 공유하고, 이번 회의에서 결정할 질문 2~3개를 명확히 못 박아야 합니다. 예를 들어 영업팀이 제안서 발송 건을 논의한다면, 프리리드에 A안(표준제안서로 빠르게)과 B안(맞춤제안서로 고품질)의 선택지와 각각의 리스크(승인 지연, 가격정책 충돌, 법무 검토 소요)를 명시합니다. 그리고 회의에서는 "오늘 결정할 것은 ① A/B 중 무엇을 기본으로 갈지 ② 승인 기준을 어디까지 단순화할지 ③ 다음 주까지 필요한 산출물은 무엇인지"라고 질문을 던지며 시작하는 겁니다.

당연히 이런 문서 준비 역시 AI가 도와줄 수 있습니다. 팀장이 메모와 자료를 입력하고 **"이 내용으로 1페이지 프리리드와 결정 질문 3개를 뽑아줘"**라고 요청하면 금방 초안이 나옵니다. 팀장은 여기에 예산이나 일정 같은 우리 팀의 현실적인 변수만 한 줄씩 추가해 주면 됩니다.

2) 회의 30분 : 토론이 아니라 '결정'을 하는 시간

사전준비가 완벽하다면 회의는 30분이면 충분합니다. 글로벌 OTT 브랜드인 넷플릭스는 내부회의를 30분 안에 끝낸다는 엄격한 룰이 있습니다. 얼마 전 넷플릭스 출신 직원과 인터뷰할 기회가 있어서, 그게 가능하냐고 물어봤어요. 5~6명이 모이는 회의가 30분 안에 끝난다는 게 솔직히 실현 불가능한 얘기 같기도 했거든요. 그랬더니 놀랍게도 90% 이상의 회의가 30분 안에 끝난다는 겁니다.[27] 그게 어떻게 가능한지 다시 물었어요. 비결은 철저한 사전준비에 있었습니다. 회의 안건과 관련 자료를 미리 문서로 공유하면, 참석자들은 그 내용을 완전히 숙지하고 들어오는 겁니다. 회의시간에는 상황 공유나 내용 설명 단계를 생략하고, 오직 결정과 협의가 필요한 부분만 집중적으로 논의하는 거죠.

이처럼 회의에 30분이라는 시간 제한이 걸리면 대화는 정제되기 시작합니다. 지금 반드시 결정해야 하는 것 위주로 대화가 이루어지기 때문입니다. 회의의 목적이 토론이 아니라 결정이 되는 거죠. 회의는 짧아지고 실행은 상대적으로 길어집니다. 짧아진 회의는 성장의 시간을 확보하는 소중한 재료가 됩니다.

3) 공유 3분 : 결론을 회의실 밖으로 꺼내는 시간

회의가 끝났는데 일이 굴러가지 않는 이유는 결론이 회의실에만 남기 때문입니다. 다음 회의 때 "저번에 무슨 얘기 했었죠?"라는 말이 나오면 그 팀은 탁상공론만 일삼고 있다는 증거입니다. 결론이 회의실 밖으로 빠져나오지 못하는 이유는 결과 공유가 늦거나, 공유되더라도 너무 길어서 아무도 읽지 않기 때문입니다. 내용이 길면 사람들은 읽지 않습니다. 읽지 않으면 다시 물어보고, 다시 물어보면 또 회의를 열게 되죠.

그래서 공유는 '읽게 만드는 길이'로 자르는 게 중요합니다. 그리고 잊어버리기 전에 즉시 공유해야 합니다. 그것이 바로 '공유 3분'입니다. 3분 정도면 읽을 수 있는 내용을 회의 직후 3분 안에 공유하는 겁니다. 회의에서 정리한 내용을 바로 팀 게시판이나 메신저에 올리라는 뜻이죠.

회의를 정리한 내용은 결정 1줄, 이유 1줄, 할 일 3줄(담당/기한/완료기준)이면 충분합니다. AI에게 회의 메모를 주고 **"결정/근거/담당/기한/완료기준 형태로 회의내용을 5줄로 요약해 줘"**라고 하면 공유 초안이 바로 나옵니다. 팀장은 표현만 다듬고, 중요한 단어(범위, 기한, 기준)만 또렷하게 고정하면 됩니다. 비대면 회의라면 Google Meet나 Microsoft Teams 같은 AI 도구를 사용해 회의록을 자동 작성할 수 있고, 대면 회의라면 네이버 클로바노트로 녹음 후 텍스트화하여 요약할 수 있습니다. 각자 팀에 맞는 도구를 활용해 이 과정을 자동화하는 최선의 세팅을 찾아내는 것이 중요합니다.

피드백과 코칭에서 AI는 심판이 아니라 '정리 담당'이다

팀장의 말솜씨는 잘하는 피드백과 못하는 피드백을 가르는 기준이 되지 못합니다. 잘못된 피드백의 특징은 기억과 인상을 근거로 하려 한다는 점입니다. 기억은 편향되기 마련입니다. 사람들은 보통 최근의 사건을 과대평가하고 바빴던 날의 감정을 사실처럼 상기합니다. 그러면 피드백은 패턴이 아니라 한 번의 사건에 대한 인상으로 흘러가고, 팀원은 "왜 지금 이 얘기를 하는 거죠?"라며 방어를 시작합니다.

여기서 AI는 피드백을 대신하는 도구가 아니라 사실과 패턴을 공정하게 정리해 주는 도구가 됩니다. 예를 들어 팀원이 마감 직전에 수정이 몰리는 패턴이 있다고 해볼게요. 이때 팀장이 감으로 이야기하면 대화가 꼬입니다. "맨날 마지막에 고치잖아요"라고 말하는 순간, 팀원은 "맨날은 아니잖아요"라고 받아칩니다. 하지만 AI로 지난 4주간 산출물의 수정 이력과 업무 흐름을 정리하면 말이 달라집니다. "지난 4번 중 3번은 최종 수정이 마감 6시간 전에 몰렸습니다(사실). 이로 인해 검수시간이 줄어 품질 리스크가 커졌습니다(영향). 다음 2주 동안은 '마감 24시간 전 1차 고정' 실험을 해봅시다(행동)." 사실 → 영향 → 행동으로 이어지는 구조이기에 이때의 피드백은 공격이 아니라 조정으로 느껴지게 됩니다. 객관적 사실을 가지고, 혼내거나 비난하는 것이 아니라 개선을 하는 거니까, 팀원도 개선을 위한 실험이라 생각하며 피드백을 온전하게 수용합니다.

코칭 역시 좋은 말로만 이루어지면 효과가 없습니다. 코칭의 목적은 감동이 아닌 '행동 변화'가 목적이며, 이는 작은 실험을 통해 일어납니다. AI는 여기서 코칭의 보조도구로 맹활약합니다. 팀장이 **"우선순위 혼란 문제를 줄이기 위한 2주짜리 실험을 3개 제안해 줘"**라고 AI에게 요청하거나, 조금 더 구체적으로 **"우선순위 혼란 문제를 줄이기 위한 실험을 루틴 실험, 작업 실험, 커뮤니케이션 실험으로 나눠서 제안해 줘"**라고 요청하면 이에 맞는 실험 설계가 나옵니다. 팀장은 그중 팀원의 성향에 맞는 한 가지를 골라 합의하면 됩니다. 물론 고르는 것부터 팀원과 같이 해도 됩니다. 완벽하게 고치기보다 실험 하나만 해본다는 접근이 팀원을 더 적극적으로 참여하게 만듭니다. 팀원 입장에서도 잘못을 수정한다는 개념보다는, 개선을 위해 실험을 한다는 생각이 조금 더 적극적인 마음으로 참여하게 만들 거든요.

주의할 점은 AI에 팀원의 민감한 개인정보나 불필요한 사생활을 넣지 않아야 합니다. 이는 팀장과 팀원 간의 신뢰 문제입니다. 또한 실험을 제안할 때 AI의 문장을 그대로 읽지 말고 팀장의 온도를 한 줄 덧붙이는 것이 좋습니다. 한 글로벌 기업의 한국 대표는 코칭 전에 반드시 이렇게 말한다고 합니다. "○○씨 지금부터 제가 하는 말은, 모두 ○○씨의 성장을 위한 말입니다. 감정적으로 접근하거나 비난하려는 게 목적이 아니고, 개선을 위한 발전적 비판이라는 것을 알아주세요." 이 한마디를 듣고 피드백이나 코칭을 받으면, 굉장히 아픈 지적이라도 성장을 위한 것이라 생각하며 기꺼이 받아들인다고 합니다.[28] 이런 것이 '휴먼 터치'가 됩니다. 같은 지적이라도 AI가 만들어 낸 결과물을 그대로 말하는 것과 휴먼 터치를 얹어서 진정성 있게 전하는 것은 효과 면에서 큰 차이를 만들어 내죠. AI는 정리를 돕지만 관계를 만들지는 못하기 때문입니다.

팀 문화는 '구호'가 아니라 '바쁠 때 자동으로 나오는 행동'이다

정상루프에서 팀 문화란, 결국 '바쁠 때 우리가 어떤 선택을 자동으로 하느냐'입니다. 명탐정 셜록 홈즈의 에피소드 중 〈보헤미아 스캔들〉이라는 단편을 보면, 높은 신분의 사람이 홈즈에게 과거 연인이었던 아일린 애들러에게 보냈던 연애편지를 찾아 달라는 의뢰를 합니다. 홈즈는 마부로 변장해 다친 척하고 아일린의 집에 들어가 불이 난 것처럼 꾸며 아일린이 편지 숨긴 곳을 쳐다보게 만듭니다. 사람은 급할 때 가장 소중한 것에 먼저 눈이 가기 마련이라는 본능을 이용한 거죠.

팀 문화도 이와 같습니다. 문화라는 것은 매뉴얼을 확인하며 적용하는 규칙이 아니라, 급박한 상황에서 저절로 움직이는 무의식적인 경로입니다. 일을 하다 보면 급할수록 문서를 생략하고, 확인 없이 보내고, 누군가에게 몰아주는 경향을 보입니다. 이렇게 되면 팀은 시간이 갈수록 불안해집니다. 팀의 운영을 안정화하려면 이런 자동반응을 바꿔야 하는데, 그게 팀 문화를 바꾸는 일입니다. 이때 팀장이 할 수 있는 가장 실용적인 팀 문화설계는 세 가지로 압축됩니다.

1) 기준을 한곳에 모읍니다

SSoT Single Source of Truth(단일한 진실)를 하나 정해 '최신본' 싸움을 끝냅니다. 기준이 한곳에 모이면, 사람을 붙잡고 물어보는 시간이 줄고 결정이 빨라집니다.

2) 리듬을 고정합니다

주간계획-중간점검-회고의 리듬이 있으면 팀은 덜 흔들립니다. AI는 회고에서 특히 유용합니다. 흩어진 메모를 '이번 주 배움 3개, 다음 주 바꿀 것 2개'로 정리해 주면 회고가 가벼워지고 지속 가능해집니다.

3) 칭찬과 피드백을 습관으로 만듭니다

결과가 좋을 때만 칭찬하면 팀은 결과가 나쁠 때 숨습니다. 반대로 중간성과를 짚어주며 "이번 주는 3단계까지 달성했네요"라고 말해주면 팀원은 숫자를 벌점표가 아니라 성장일지로 보기 시작합니다.

정상루프에서 커뮤니케이션을 설계한다는 건, 결국 팀원들의 시간을 보호하는 일입니다. 3일 전에 준비하면 회의에서 같은 얘기를 반복하지 않고, 30분 회의로 결정만 남기면 실행시간을 더 확보하게 되며, 3분 공유로 결론을 고정하면 다시 묻는 시간이 사라집니다. 피드백과 코칭에서도 AI를 잘 쓰면 팀장은 더 공정해지고 팀원은 덜 방어적이 됩니다. 이렇게 팀이 안정되면, 속도가 빨라집니다. 이 속도 증가의 가장 큰 원인은 몰아붙여서가 아니라, 마찰이 줄어들어서입니다.

4 성과 평가 :
판정이 아닌
다음 사이클의 설계

개인별 성과 데이터 분석 :
결과만이 아니라 '기여의 구조'를 본다

정상루프의 마지막 고리는 '성과 평가'입니다. 팀장이 이 단어를 꺼내는 순간 팀의 공기가 순식간에 달라지는 것을 경험합니다. 누구는 긴장하고, 누구는 방어하고, 또 누군가는 조용히 머릿속으로 계산합니다. 그래서 성과 평가는 흔히 '심판의 시간'처럼 느껴지곤 합니다.

하지만 AI 시대의 성과 평가는 그 방향이 달라져야 합니다. 평가는 누군가를 줄 세우는 시간이 아니라, 팀이 무엇을 반복하고 무엇을 버릴지를 정하는 시간이 되어야 합니다. 팀장이 성과 평가를 잘한다는 건, 사람을 냉정하게 재단한다는 뜻이 아닙니다. 팀이 더 잘 굴러가게 증거를 남기고, 그 과정에서 얻은 학습을 조직의 자산으로 회수한다는 뜻입니다.

개인성과를 평가할 때 가장 흔한 실수는 '결과 숫자' 하나로 모든 결론을 내리는 겁니다. 물론 결과는 중요합니다. 하지만 정상 루프에서 팀장이 들여다봐야 할 개인성과는 다음의 세 겹으로 이루어집니다.

1) 결과 Outcome

목표 달성 여부와 실제 변화된 수치를 확인합니다.

2) 중간성과 Leading/Process

결과에 도달하기 위해 어떤 계단을 올랐는지 봅니다. 예를 들어 영업 직무라면 파이프라인 커버리지, 미팅전환율, 제안서 발송 리드타임 등이 해당합니다. 결과가 살짝 부족하더라도 중간성과 지표가 건강하다면 다음 달에 성과가 반등할 가능성이 큽니다.

3) 기여방식 Contribution

문제를 어떻게 풀었는지, 리스크를 어떻게 줄였는지, 팀의 속도를 어떻게 올렸는지 기여한 정도를 봅니다. 여기에는 협업, 문서화, 기준 만들기, 후배 코칭 등이 포함됩니다.

이 세 겹을 놓치면 평가가 불공정해집니다. 예를 들어 품질관리팀에서 어떤 구성원이 당장의 불량률 수치를 낮추지는 못했더라도, 반복되는 결함의 근본원인을 정리해 재발률을 낮추는 시정 및 예방조치를 설계했다면 그건 매우 훌륭한 성과입니다. 영화에서 흔히 보는 폭탄이 터지기 직전, 빨간 선을 잘라서 폭발을 막은 사람이니까요. 반대로 숫자는 좋아 보이지만 재작업률이 높고 타부서에 피해를 주며 얻어낸 성과라면, 장기적으로는 팀에 독이 되는 '상처뿐인 성과'로 평가받아야 마땅합니다.

개인성과 평가에서의 AI 활용

사실 팀장 입장에서는 팀원들의 이런 세세한 부분까지 정확하게 집어내 평가하기란 현실적으로 매우 어렵습니다. 특히 팀장이 직접 경험해 보지 못한 실무 영역이거나, 기술 환경이 급변하여 과거의 지식이 통용되지 않는 분야라면 더욱 그렇습니다.

그래서 이런 부분에서 AI를 활용할 수 있는 여지가 많습니다.

팀장은 자신의 '직관(뇌피셜)'에만 의존하지 말고, 평가 초안을 AI에게 맡겨볼 수 있습니다. 다행히 최근의 업무환경은 대부분 디지털화되어 있어 기록을 확보하기가 수월합니다.

개인성과 요약을 위한 AI 프롬프트 예시

지난 4주간 이 팀원의 산출물, 작업 로그, 회의 메모를 기반으로 다음 사항을 요약해 줘.

1) 완료된 주요 산출물

2) 중간성과 및 지표 개선에 기여한 구체적 행동

3) 협업 및 리스크 관리 측면에서의 기여도

이런 프롬프트를 통해 팀장은 자신이 미처 보지 못했던 사각지대까지 포함된 정교한 사실 꾸러미를 확보할 수 있습니다. 감정이 배제된 데이터를 기반으로 하기에, 잘파세대가 민감하게 반응하는 공정성과 투명성을 확보하는 데에도 유리합니다.

그렇다고 이 결과물을 그대로 팀원의 평가에 적용해서는 안 됩니다. 이는 마치 진단 보조 AI가 내놓은 결과에 대해 의사가 아무런 검증 없이 서명하는 것과 같습니다. AI는 '정리'를 담당하고, 팀장은 그 데이터 위에서 '의미 부여'와 '맥락 보완'을 해야 합니다. 팀원의 노력과 성장 방향을 따뜻한 육성으로 연결해 주는 일은 오직 팀장만이 할 수 있는 영역입니다.

개인성과를 데이터로 다룰 때 팀원들에게 반드시 주어야 할 인상은 '이것은 감시나 처벌이 아닌 성장과 개선을 위한 도구'라는 확신입니다. 데이터를 근거로 팀원을 압박하거나 비난하는 게 아니라, 데이터를 바탕으로 개선과 성장의 설계를 같이 해야 팀원들은 데이터에 대해 거부감을 덜 가지게 됩니다. 팀원들이 정직하게 데이터를 드러낼 수 있는 심리적 안전감을 제공할 때, 정상루프는 비로소 안정됩니다.

팀 성과 데이터와 리뷰 : 팀은 '점수'가 아니라 '패턴'으로 평가한다

개인 평가가 '기여의 구조'를 보는 일이라면, 팀 리뷰는 '성과 창출의 패턴'을 분석하는 일입니다. 팀 성과를 리뷰할 때 중요한 질문은 "이번 달에 잘했나?"가 아니라 "우리 팀은 어떤 패턴으로 성과를 만들고 있는가?"가 되어야 합니다. 단기적인 숫자가 아닌, 장기적인 성과를 지속시킬 프로세스가 확립되었는지에 집중해야 합니다.

예를 들어 영업팀이 목표 매출을 달성했더라도, 매번 분기 말에 무리한 할인을 적용해 밀어 넣는 패턴을 반복한다면 이는 다음 분기의 마진과 고객 신뢰를 흔드는 위험한 징후입니다. 반대로 목표를 살짝 미달했더라도 미팅전환율과 제안서 리드타임이 꾸준히 개선되는 패턴이라면 팀은 현재 매우 건강한 체력을 기르고 있는 중입니다.

이렇게 종합적인 데이터가 나와야 팀장은 상황에 맞는 판단을 할 수 있습니다. '성과는 좋아 보이지만, 프로세스가 부실하니 여기서 중단해야겠다'거나 '매출은 나지 않지만, 과정이 좋으니 품질과 체력은 지킬 수 있어 이 방법을 유지해야겠다'는 식의 전략적 결단을 내릴 수 있습니다. 그리고 이러한 판단은 팀 데이터를 기반으로 하는 겁니다.

팀 리뷰가 실질적으로 작동하려면, 팀장은 팀 성과 데이터를 다음의 네 묶음으로 균형 있게 보아야 합니다.

1) **성과** : 최종 결과 수치
2) **과정** : 리드타임, 승인대기시간, 재작업률
3) **품질** : 재문의율, 오류율, 재발률
4) **사람** : 회의시간, 피크타임 과부하, 온보딩 소요기간

여기서 어느 하나만 보면 팀이 망가집니다. 성과만 보면 무리

하게 되고, 과정만 보면 바쁘기만 하고, 품질만 보면 느려지고, 사람만 보면 실행이 멈춥니다. 팀장은 이 균형을 잡는 사람입니다.

팀 리뷰에 AI 적용하기

팀장들이 리뷰를 힘들어하는 건 데이터를 못 봐서가 아니라, 데이터가 많아져 무엇이 중요한지 헷갈리기 때문입니다. 이때 AI는 방대한 데이터 속에서 핵심적인 패턴을 찾아내는 데 탁월합니다. 그리고 현대의 직업환경은 모든 것이 데이터가 되는 시내죠. 그러니 AI에게 가능한 많은 데이터에서 패턴을 찾아 팀 리뷰를 시키면 사람이 생각도 못했던 지점에서 평가가 나올 수 있습니다.

팀 리뷰 생성을 위한 AI 프롬프트 예시

다음의 팀 성과 데이터를 기반으로 이번 달 팀 리뷰를 작성해 줘. 반드시 1) 성과(결과) 2) 과정(리드타임·승인대기·재작업) 3) 품질(재문의율·오류율·재발률) 4) 사람(회의시간·피크과부하·온보딩소요)의 4개 관점으로 나눠, 가 관점별로 핵심변화 2~3개 + 원인가설 + 다음 행동(실험·개선) 1~2개를 제시해 줘. 마지막으로 전체를 한 문장으로 요약한 '이번 사이클 팀 패턴'과 다음 사이클에 집중할 우선순위 3개 (무엇을 늘리고, 줄이고, 고정할지)를 정리해 줘.

팀장은 이 결과물을 바탕으로 한 문장을 만들면 됩니다. 예를 들어 '우리는 속도를 올렸지만 승인 병목이 늘었고, 그래서 다음 달은 승인 기준을 줄여 리드타임을 안정화하겠습니다'와 같이 말이죠. 문제의 원인만 잡아낸 것이 아니라, 행동을 제시해 실험을 설계한 거죠. 팀장의 언어가 이런 기조라면 팀은 비로소 일하는 모드로 정렬됩니다.

성과 평가는 '판정'이 아니라 '다음 사이클 설계'로 끝나야 한다

성과 평가가 팀을 망치는 순간은 평가가 '끝'이라고 느껴질 때입니다. 점수를 매기고, 한숨을 쉬고, 다음 날 또 다시 예전 방식 그대로 일한다면 평가는 독이 됩니다. 정상루프에서 성과 평가는 반드시 다음 사이클의 설계로 이어져야 합니다.

개인 평가 후에는 '향후 2주간 진행할 실험 1개'가 남아야 하고, 팀 리뷰 후에는 '다음 달에 조정할 변수 1개'가 명확히 도출되어야 합니다. 한꺼번에 너무 많은 것을 바꾸려 하면 팀은 혼란에 빠지고, 아무것도 바꾸지 않으면 학습은 멈춥니다. 정상루프는 거창한 혁신이 아니라 작은 변화를 지속해서 굴리는 루프입니다.

이 지점에서 팀장에게 필요한 건 정확한 점수보다 진정성 있는 대화입니다. "이번 달은 왜 이 점수였는지" "다음 달은 어떤 조건이 바뀌면 좋아질지" "우리는 무엇을 포기하지 않을지(가드레일)"를 함께 이야기해야 합니다. AI는 이 대화를 풍성하게 할 재료를 준비하고, 팀장은 그 재료를 요리해 팀을 보호하고 성장시키는 결정을 내립니다.

성과 평가는 팀장의 업무 중에서 가장 조심스럽지만, 가장 강력한 영향력을 발휘하는 일입니다. 이를 잘 수행하면 팀은 더욱 단단해지고, 실패하면 팀은 안에서부터 무너집니다. AI 시대의 성과 평가는 결국 이렇게 정리됩니다. 개인은 기여의 구조로 보고, 팀은 패턴으로 리뷰하며, 평가는 다음 사이클의 설계로 마무리합니다.

그리고 그 한가운데에서 팀장이 해야 할 마지막 역할은, 숫자 뒤에 있는 사람을 잊지 않는 겁니다. 숫자는 차갑지만, 팀이 오래 가려면 그 차가움 위에 신뢰라는 온도가 필요합니다.

Part
4

예외루프에서
팀장의
AI 업무 스킬

1 이상감지와 자동화 기술

혼란을 줄이는 데 탁월한 AI

정상루프 상황에서 팀장은 팀이 매일 안정적으로 굴러가게 하는 방법을 AI를 활용해 만들었습니다. 이번에 다룰 예외루프는 팀이 예상치 못한 문제를 만났을 때 무너지지 않게 만드는 기술입니다. 사실 정상루프가 잘 설계된 팀일수록 위기는 더 빨리 드러납니다. 평소 리듬이 고르게 돌아가다 보니 아주 작은 어긋남도 금방 눈에 띄기 때문입니다. 반대로 평소부터 리듬이 흔들리던 팀은 위기가 와도 알아차리기 어렵습니다. '원래 바빴으니까'라며 무심히 넘기다가 어느 순간 거대한 파도에 휩쓸리듯 무너지기 십상입니다.

AI는 대개 일상 업무의 자동화 도구로 먼저 활용합니다. 회의록을 정리하고 문서를 요약하며 리서치를 대신해 주는 역할만으로도 충분히 유용하죠. 하지만 AI가 가장 빛나는 순간은 사실 따로 있습니다. 바로 예상치 못한 위기상황에서 팀장의 판단이 흔들리기 시작할 때입니다. 위기상황에서 문제를 키우는 주범은 대개 '능력 부족'이라기보다 '정리 부족'입니다. 우리는 이를 '혼란'이라고 부릅니다.

'누가, 무엇을 알고 있는지' '어디서부터 확인해야 하는지' '어떤 해결책이 가장 좋을지' '무엇을 먼저 막아야 하는지'와 같은 문제들이 정리되지 않은 상태로 어지럽게 눈앞을 떠다니다가 결국 대응의 골든타임을 놓치게 됩니다. 그런 면에서 AI는 이 혼란을 줄이는 데 탁월합니다. 사람보다 훨씬 빨리 자료를 모으고, 패턴을 묶고, 가능한 원인 후보를 제시하고, 다음에 확인해야 할 질문을 뽑아주기 때문입니다.

'이상감지'는 센서가 아니라 '기준'을 먼저 세우는 일이다

이상감지 단계에서 가장 먼저 해야 할 일은 AI에게 해결책을 묻는 게 아닙니다. '이상'이 무엇인지 명확하게 정의하는 것이 가장 우선입니다. 예를 들어 오늘 하루 매출이 평소보다 10% 떨어지는 게 이상일까요, 아니면 30% 떨어지는 게 이상일까요? 어떤 때는 국가적 대형 이슈가 있어 일시적으로 매출이 훅 떨어질 수도 있지만, 이를 '이상징후'로 보기는 어렵습니다. 그래서 이상감지의 영역에 넣기에는 애매할 수 있습니다.

홈페이지에 접속 장애가 발생했을 때 3분 만에 알람을 울려야 할까요, 30분 정도 지켜본 뒤에 울려야 할까요? 아니면 17분 정도가 적절한 걸까요? 몇 분이라고 딱 말하기 힘들죠. 하지만 이런 기준이 없다면 대시보드는 장식품이 되고, 알람은 소음이 됩니다.

그럼 어떤 종류의 신호들이 위기나 이상상황의 전조가 되는 걸까요? 고객이탈률, 제품불량률, 재문의율, 직원퇴사율 등 따지고 보면 너무나 많은 지표가 해당될 것 같고, 다시 생각해 보면 어떤 지표들은 너무 민감하게 반응할 필요가 없을 것 같기도 합니다. 사실 명확하게 '무엇이 이상지표다'라고 정의하는 것도 어렵습니다.

이때 도움이 되는 사고 틀이 있습니다. 구글의 SRESite Reliability Engineering에서는 모니터링의 핵심신호를 네 가지로 정리합니다. '지연' '트래픽' '오류' '포화'입니다. 이른바 '4가지 황금신호'라고 합니다. 물론 모든 부서가 IT 서비스 팀은 아니지만, 이 사고방식은 거의 모든 업무에 적용 가능합니다.

모니터링의 4가지 황금신호

1) **지연**Latency : 업무 리드타임이 늘어났는가?(승인 대기, 처리 지연 등)

2) **트래픽**Traffic : 유입·요청이 갑자기 늘거나 줄었는가?(문의 폭증, 주문 급감 등)

3) **오류**Errors : 실패, 불량, 재작업이 늘어났는가?(오류율, 재발률 등)

4) **포화**Saturation : 팀이 감당할 여력이 한계에 도달했는가?(피크 과부하, 대기열 증가 등)

이 네 가지 중 하나라도 급격히 흔들리면, 정상루프에서 예외루프로 전환될 가능성이 큽니다. 팀장에게 중요한 건 모든 지표를 감시하는 눈이 아니라, 위기신호를 가장 빨리 알려주는 핵심지표 몇 개를 선별하는 겁니다. 예외루프에서는 많이 아는 것보다 '빨리 알아차리는 것'이 훨씬 중요합니다.

이상한 수치가 뜰 때, AI가 수행하는 '진단'의 역할

이상감지는 지표의 변화에서 시작됩니다. 어느 날 아침, 평소처럼 보이던 그래프가 이상하게 꺾입니다. 전환율이 떨어지고, 문의가 폭증하고, 불량률이 튀고, 재작업이 늘고, 승인 대기가 길어집니다. 이때 팀이 가장 먼저 해야 할 일은 '무엇이 바뀌었는가'를 찾는 겁니다. 만약 밤사이 미국 주식 그래프가 곤두박질쳤다면 우리는 '어디에 전쟁이 난 건가?' '새로운 기술이 발표되었나?' 아니면 '머스크가 밤새 한마디했나?' 같은 원인을 찾게 됩니다. 마찬가지로 팀이 추종하던 지표에서 추세적 변화를 벗어난 변화가 감지된다면 팀장은 가장 먼저 '무엇이 바뀌었나?'를 추적해야 합니다.

AI는 이 질문을 빠르게 도와줄 수 있습니다. 위기상황에서 팀장이 AI에게 맡겨야 하는 일은 결론이 아니라 '정리'입니다. 예를 들어 이런 프롬프트가 가능합니다.

이상징후 원인분석을 위한 AI 프롬프트 예시

최근 24~72시간 동안 발생한 변경사항(배포, 정책, 가격, 문구, 공정 조건 등)을 수집해 한 장으로 요약해 줘. 이상 수치와 함께 움직인 다른 지표를 찾아 '연관 후보'를 제시해 주고, 과거 유사사건(비슷한 패턴의 장애·클레임·불량) 기록을 찾아 대응 루틴을 제안해 줘. 그리고 지금 당장 확인해야 할 체크리스트(확인 → 경고 → 에스컬레이션)를 만들어 줘.

이 과정에서 AI는 위기대응을 감정의 소모전이 아닌 가설의 정리로 바꿔 놓습니다. 그리고 이 차이가 위기의 크기를 결정합니다. 혼란과 위기감을 극복할 수 있는 것은 일단 문제의 원인 파악이잖아요. 집에서 누전이 발생했을 때 가장 중요한 것은 어디서 누전이 났는지를 찾는 겁니다. 그것만 알면 그 부분만 수리하면 되거든요. 그 부분을 모를 때 답답하고 암담한 거죠. 배선을 다 파내서 점검해야 하는 상황이 되어버리니까요, 이때 AI를 통해 누전이 날 만한 부분들을 추리면 일단 이 부분을 뒤져 보는 것으로 위기대응이 시작되는 겁니다.

품질관리팀에서 불량률이 갑자기 튀었다고 가정해 볼게요. 이때 사람을 몰아붙이는 식으로 대응을 하면, 현장은 더 긴장하고 임시방편으로 검사 강도를 올려 수치를 억지로 눌러버립니다. 하지만 AI가 '최근 공정조건 변경, 원자재 미세 변경, 설비점검 로그'를 분석해 준다면 팀장은 정확하게 지시할 수 있습니다. "오늘은 검사 강화가 아니라, 먼저 원자재 변경 구간부터 분리해 원인을 확인합시다"라고 말이죠. 이렇게 되면 수치에 반응하는 게 아니라, 원인에 반응하는 팀이 되는 거죠. 이때 한 가지 분명히 해둘 것이 있습니다. AI의 진단은 정답이 아니라 '우선순위 후보'라는 점입니다. 예외루프에서 AI 활용은 Human-in-the-Loop(사람 개입 구조)가 핵심입니다. AI는 후보를 빠르게 찾고, 팀장은 확인 순서와 의사결정을 맡아야 합니다.

자동화 알람 대시보드 :
소음이 아니라 구조를 만드는 일

대시보드와 알람을 구축한다고 해서 팀이 저절로 빨라지지는 않습니다. 오히려 알람이 너무 자주 울리면 '양치기 소년'이 되고, 너무 늦게 울리면 이미 피해가 커진 뒤일 수 있습니다. 이 밸런스를 찾기 위해 처음에는 조정의 시간을 거쳐야 합니다. 이런 과정을 거쳐서 팀장은 예외루프의 대시보드를 단순한 그래프 모음이 아닌 '조기경보시스템'으로 만들어야 합니다. 알람이 의미가 있게 말이죠. 이때 조기경보시스템은 다음의 4단계로 설계됩니다.

4단계 조기경보시스템

1) **신호** : 어떤 수치를 볼 것인가?(전환율, 오류율, 재문의율, 재발률, 리드타임, 승인 대기, 대기열 등)

2) **트리거** : 언제 이상이라고 부를 것인가?(절대값(예 : 오류율 3% 초과), 변화율(전일 대비 -20%), 지속시간(10분 이상 지속) 등)

3) **라우팅** : 누구에게 알릴 것인가?(단체방에 보내지 말고, 책임자, 백업 담당자, 의사결정자 순)

4) **런북** : 대응절차 문서(알람이 뜨면 '누가 무엇을 5분 안에 확인할지' 가 적혀 있어야 합니다)

여기서 중요한 건 단순히 알람을 띄우는 게 아니라, 알람이 뜬 순간 팀이 한 번에 같은 방향으로 움직이게 만드는 겁니다. 지진 대피 훈련을 하는 이유는 실제 상황에서 대피 요령을 검색할 시간이 없기 때문입니다. 예외루프에서 "혹시 이것 때문인가요?" "저것도 봐야 하지 않나요?" 등 우왕좌왕하며 쏟아지는 불필요한 말들을 줄여주는 것이 바로 대시보드와 런북Runbook입니다.

이런 알람시스템이 제대로 없을 때 어떤 결과를 초래하는지 보여주는 사례가 있습니다. 2013년 한맥투자증권에서 코스피200 옵션 자동매매 주문 과정에서 이자율 계산 설정 오류(잔존일수/365 대신 잔존일수/0 입력)로 단 143초 만에 3만 7,900여 건의 잘못된 기래가 체결되었습니다. 뒤늦게 전원 코드를 뽑았지만 이미 462억 원의 손실이 발생한 뒤였습니다. 잘못된 입력값에 대한 사전경고나 킬 스위치Kill Switch, 에스컬레이션 구조가 전무했기 때문에 발생한 비극입니다. 결국 이 회사는 파산에 이르렀습니다. 이처럼 이상징후를 초기에 차단할 구조가 없으면 피해는 기하급수적으로 커집니다.

예외루프의 성공지표는
빠른 발견과 빠른 복구

예외루프에서 팀의 경쟁력은 문제를 완전히 없애는 능력이 아니라, 문제를 얼마나 빨리 발견하고 복구하느냐에 달려 있습니다. 발생한 문제를 아예 없었던 일로 만드는 것은 불가능하기 때문입니다. 문제가 생겼을 때 무대응이나 거짓 해명으로 일관하다가 사태를 키우는 일부 사례들을 반면교사 삼아야 합니다.

문제를 빠르게 복구하는 데 많이 쓰는 지표가 MTTR(Mean Time To Resolve 또는 Mean Time To Respond, 평균 복구·대응 시간)입니다. 다만 팀장은 이 지표를 평가수단이 아닌 '훈련도구'로 써야 합니다. '우리 팀은 알람이 울린 뒤 5분 안에 상황을 분류할 수 있는가?' '담당자가 없어도 백업이 작동하는가?' '런북이 실제 상황에서 유용한가?' 등의 질문으로 시스템을 다듬어야 합니다.

AI는 이 훈련을 가볍게 만들어줍니다. 사고 종료 후 흩어진 로그와 대화를 정리해 '무슨 일이 있었고, 무엇을 했으며, 무엇을 배웠는지'를 회수하는 데 탁월합니다. 예외루프는 결국 학습루프입니다. 사고 자체는 피하고 싶지만, 사고를 통해 학습하지 못하면 같은 위기는 반드시 다시 찾아옵니다.

AI는 자동화보다
혼란을 줄이는 판단 보조에서 더 강해진다

AI가 일상 업무 자동화에 유용한 것은 사실입니다. 하지만 AI가 진정으로 빛나는 순간은 예상치 못한 위기 순간의 예외루프에서입니다. 이상수치가 뜨는 순간, AI는 즉시 자료를 모으고 패턴을 분석해 원인 후보를 빠르게 제시함으로써 팀의 혼란을 줄여줍니다. 그리고 대시보드, 알람·런북이 잘 설계되어 있으면 팀은 '누가 잘못했나'를 묻기 전에 '어디서 막혔나'를 먼저 보게 됩니다.

결국 예외루프의 기술은 한 문장으로 정리됩니다. '문세가 커지기 전에, 문제를 '보이게' 만들고, 보이는 순간 '움직이게' 만드는 설계'입니다.

2 상황진단과 우선순위 결정

정답이 아니라 '정리'로서 큰 힘을 발휘하는 AI

앞에서 이상신호를 빨리 감지하고(대시보드), 자동으로 알리고(알람), 위기가 커지기 전에 멈추게 하는(차단) 설계에 대해 이야기했습니다. 하지만 여기까지는 어디까지나 위기 '감지'의 영역입니다. 위기 '대응'은 알람이 울린 다음부터가 진짜 시작입니다. 예외 루프에서 팀을 무너뜨리는 것은 대개 문제 그 자체가 아니라, 문제를 둘러싼 혼란입니다.

"지금 제일 급한 게 뭐지?" "이게 얼마나 큰 사고지?" "누가 먼저 움직여야 하지?" 같은 질문들이 짧은 시간 안에 무차별적으로 던져질 때, 명확한 답을 주는 사람이 없으면 팀은 패닉에 빠지게 됩니다. 이곳저곳 뛰어 다니며 수습하려 애쓰지만, 실제 상황은 나아지지 않고 팀원들의 진만 빠지게 되는 거죠.

사실 일반적인 정상루프가 잘 돌아가면 팀장의 역할은 크지 않습니다. 처음 설계하고 궤도에 올리기까지가 어렵지, 그것이 돌아가기 시작하면 팀장이 개입할 여지가 줄어들죠. 팀장의 능력과 존재감이 발휘되는 순간은 바로 이런 위기상황에서입니다. 위기 속에서 팀장이 해야 할 가장 중요한 일은 '긴급도'와 '심각도'를 가려내고, 지금 당장 해야 할 일을 '한 줄'로 확정하는 겁니다. 이런 결단력 있는 지시로 팀원들이 일사불란하게 움직이게 만드는 것이 팀장의 가장 큰 존재 이유입니다.

AI는 이런 순간에 큰 도움이 되는데, 정답을 내놓는다기보다 복잡한 상황을 '정리'해 주는 도구로서 강력한 힘을 발휘합니다. AI를 활용해 정답은 아닐지라도 상황에 가장 적절한 '적답'을 끌어내고, 이를 팀에 적용하는 것은 오직 팀장만이 할 수 있는 역할입니다.

긴급도와 심각도를 분리하면, 예외루프가 단순해진다

상황이 급박해지면 사람들은 흔히 '급한 것이 곧 심각한 것'이라고 착각하곤 합니다. 하지만 이 둘은 엄연히 다릅니다. 그래서 긴급도와 심각도에 대한 인지를 명확히 할 필요가 있습니다.

- **긴급도**urgency : 지금 당장 행동하지 않으면 피해가 빠르게 커지는가?
- **심각도**severity : 피해의 규모(고객, 매출, 품질, 안전, 신뢰 등)가 얼마나 큰가?

예를 들어 고객센터 문의가 갑자기 늘었는데, 원인이 공지 한 줄로 해결되는 단순한 이슈라면 지금 바로 안내해야 하므로 긴급도는 높지만, 심각도는 낮을 수 있습니다. 반대로 어떤 품질 결함은 당장 숫자가 크게 튀지 않아 긴급도가 낮아 보이지만, 안전이나 법적 리스크가 걸려 있으면 심각도는 매우 높습니다.

팀장의 판단이 필요한 이유가 바로 여기에 있습니다. 예외루프는 늘 시간과 리스크의 싸움인데, 긴급도와 심각도를 혼동하면 팀은 과잉대응을 하거나, 반대로 늑장대응을 하게 됩니다. 그래서 사고 발생 첫 5분 안에 이 둘을 냉정하게 분리하는 게 핵심입니다.

AI가 예외루프에서 빛나는 지점은 결론이 아니라 트리아지 triage(응급분류)입니다. 배가 아파서 응급실에 직접 걸어온 환자보다, 조금 늦게 도착했더라도 교통사고로 피를 쏟으며 실려 온 환자를 먼저 치료해야 하는 것과 같습니다. 팀도 마찬가지입니다. 알람이 뜨면 먼저 해야 할 것은 원인 규명이 아니라 상황 정리입니다. 원인 규명은 근본적인 문제 해결책을 찾아내기 위해 필요하지만, 당장 눈앞에서 피를 흘리는 환자에게는 원인을 찾기보다 '지혈'이 먼저이기 때문입니다.

이때 AI에게 다음과 같은 세 가지 정리를 맡기면 좋습니다.

1) 사실과 가설을 분리하기

예 '전환율이 20% 하락했다(사실)' '광고 소재가 문제일 가능성 (가설)' '결제 모듈 변경 여부는 미확인(미지)'

2) 영향범위 추정하기

예 '특정 채널의 문제인가, 전체 채널인가' '특정 시간대만의 문제인가, 상시인가' '특정 고객군만의 문제인가, 전 고객인가'

3) 확인 질문들을 우선순위로 추리기

예 '최근 배포, 정책, 가격, 원자재 변경이 있었는가?' '같은 시각

에 오류율, 재문의율, 재작업률도 움직였는가?'

AI는 이에 대한 정리를 몇 분 안에 해줍니다. 다음과 같은 프롬프트를 활용해 보세요.

위기상황 트리아지를 위한 AI 프롬프트 예시

알람이나 이상징후가 발생한 상황에서, 아래 정보를 바탕으로 5분 트리아지를 수행해 줘. 1) 사실(Facts) 2) 가설(Hypotheses) 3) 미확인(Unknowns)으로 분리하고, 영향범위(채널, 시간대, 고객군, 규모)를 추정해 줘. 그다음 가장 먼저 확인해야 할 질문 Top5를 우선순위로 뽑고(변경·배포·정책·가격·원자재·연관지표 등), 각 질문마다 확인방법, 담당자, 예상 소요시간을 1줄씩 제안해 줘.

이렇게 나온 결과를 보고 팀장은 확인 순서를 최종 결정합니다. 예외루프에서 뛰어난 팀은 무작정 많이 확인하는 팀이 아니라, 먼저 확인할 것을 정확히 고르는 팀입니다.

우선순위는 급한 것부터가 아니라
피해를 막는 것부터다

예외루프의 우선순위는 감정이 아니라 '순서'로 정해야 합니다. 다급하다고 허둥대다 보면 정작 중요한 것을 놓치는 실수를 범할 수 있습니다. 따라서 예외루프에서 벌어질 일들의 순서를 어느 정도 정해두고, 평소에 익혀두는 것이 좋습니다. 실무적으로는 다음의 순서가 가장 안정적입니다.

1) **출혈을 멈춘다** : 피해가 커지는 경로를 차단합니다.(임시 중단, 기능 제한, 출하 보류, 자동화 중지)
2) **영향을 제한한다** : 범위를 분리하여 피해를 최소화합니다.(특정 채널, 고객군, 라인만 우회)
3) **복구한다** : 정상루프로 복귀를 시도합니다.(긴급 수정, 공정조건 원복, 안내·보상 프로세스 가동)
4) **원인을 밝힌다** : 근본원인분석RCA을 통해 재발방지책을 세웁니다.

하지만 위기는 늘 방심한 틈을 타 다양한 경로로 찾아옵니다. 출혈을 멈추는 게 먼저라고 순서를 알고 있어도, 막상 현장에서는 어느 부분을 지혈해야 출혈이 멈춰지는지 몰라 당황스러울 때가 많습니다. 이럴 때 AI는 믿음직스럽게 작동합니다. 예를 들어 '지금 이 상황에서 어떤 부분을 막아야 일단 사태가 안정될지?' '지금 즉시 중단하면 영향이 어디까지 줄어드는지?' '우회로를 선택했을 때 고객 영향은 어떨지?' 같은 선택지들을 빠르게 비교 정리해 줍니다. 팀장은 그 데이터를 보고 결정만 하면 됩니다.

이제는 업무환경이 완전히 달라졌기에, 과거에 비슷한 위기를 겪었던 선배의 희미한 기억보다 AI의 정교한 데이터 분석이 훨씬 정확합니다. 여기서 중요한 건 완벽한 진단을 기다리다 골든타임을 놓치기보다, 일단은 빠르게 막는 것이 예외루프의 기본입니다.

기계적 균형과 인간적 선택 사이

AI는 기준을 세우는 데 매우 강합니다. 예를 들어 심각도를 SEV0~SEV3처럼 레벨Severity(심각도 등급)로 나눠 각 사건이나 이슈에 보기 좋게 레벨링할 수 있습니다. 또 긴급도를 '지금 30분 안에 조치가 필요한가'처럼 시간 기준으로 정리해 줄 수도 있습니다. 이런 기계적 균형은 한눈에 들어오는 우선순위를 만들어 팀을 빠르게 안정시킵니다.

하지만 예외루프에서 가장 빛나는 건 결국 팀장의 '인간적 선택'입니다. AI는 효율이나 손익을 계산해 우선순위를 쉽게 정할 수 있지만, 인간만이 결정할 수 있는 '가치'의 영역에는 숫자를 붙이기 어렵기 때문입니다.

2014년 호텔신라에서 발생한 유명한 사례가 있습니다. 82세의 택시 기사가 운전 부주의로 호텔 로비 회전문으로 돌진해 큰 사고를 냈습니다. 5억 원이라는 막대한 손해가 발생했지만, 이부진 사장은 택시 기사가 낡은 반지하 빌라에 살며 보상할 여력이 전혀 없다는 사정을 보고받고 손해배상 신청을 전격 취소했습니다. 당시 호텔 측이 5억 원의 손해를 그대로 떠안았지만, 이 이야기는 '노블리스 오블리주'의 대표 사례로 남으며 10년이 지난 지금까지도 회자되고 있습니다.[29] 이런 결정을 할 때 의도한 것은 아니겠지만, 결과적으로 5억 원 이상의 엄청난 브랜드 홍보 효과를 거둔 셈입니다.

이처럼 숫자보다 가치를 선택하는 결정은 오직 인간만이 할 수 있으며, 그것이 바로 팀장의 역할입니다. 실무 현장에서도 이런 선택의 순간은 수시로 찾아옵니다.

1) 가격 오류로 일부 고객이 예상보다 큰 할인 혜택을 받았다.
   → 주문을 취소할 것인가, 손실을 감수하고 인정할 것인가?
2) 품질 이슈가 특정 로트에서 발견되었다. → 전체 출하를 멈출 것인가, 일부만 회수할 것인가?

3) 고객센터의 응대가 폭주한다. → 속도를 위해 응대를 단순화할 것인가, 정확도를 위해 처리량을 줄일 것인가?

이런 상황에서 AI는 각 선택에 따른 비용과 리스크, 영향을 정리해 줄 수 있습니다. 하지만 무엇을 우선할지는 조직의 철학과 팀장의 판단에 달렸습니다. 이 순간 팀장은 최종 판단자라기보다 '의미의 조율자'가 되어야 합니다. '이번 선택에서 우리는 무엇을 지킬 것인가?'를 말해줘야 팀이 흔들리지 않습니다. 예를 들어 "지금은 숫자를 지키는 선택보다, 고객의 신뢰를 지키는 선택을 하겠습니다"라거나 "지금은 고객 피해를 줄이는 게 최우선입니다. 비용은 그다음입니다"라고 선언하며 팀의 방향을 잡아주어야 혼란이 멈추고 우선순위가 단단하게 고정됩니다.

우선순위를 정할 때는 '무엇'을 할지와 더불어 '누가' 할지도 확정해야 합니다. 예외루프에서는 다음과 같은 RACI(책임/승인/협의/공유) 매트릭스 구조를 5분 안에 정리하는 것이 좋습니다.

AI는 이때 현재 상황에서 필요한 역할과 연락 순서를 초안으로 제시해 줄 수 있습니다. 하지만 최종 확정은 팀장의 몫입니다. 왜냐하면 예외루프에서 가장 큰 병목은 기술이 아니라 '사람 간의 연결'이기 때문입니다. 누구에게 먼저 보고하고 협의할지가 정해지는 순간, 대응속도는 차원이 달라집니다.

> **RACI 매트릭스 구조**
>
> 1) **책임자** Responsible : 누가 실제로 실행하는가?
>
> 2) **승인자** Accountable : 누가 최종적으로 결정하는가?
>
> 3) **협의자** Consulted : 누구에게 정보를 얻어야 하는가?
>
> 4) **공유 대상** Informed : 누가 이 상황을 실시간으로 알아야 하는가?

AI는 판단을 대신하지 않고, 판단의 속도를 올린다

예외루프에서 AI의 진정한 가치는 팀장을 대신해 결정을 내리는 게 아니라, 사실과 가설을 분리하여 영향범위를 정리하고, 확인 질문의 우선순위를 뽑아줌으로써 팀장의 '판단 속도'를 획기적으로 높여준다는 데 있습니다.

그리고 팀장은 그 위에서 긴급도와 심각도를 분리해 우선순위를 정하고, 기계적 균형과 인간적 선택 사이에서 팀이 지켜야 할 기준을 선언합니다. 위기상황에서 팀장이 잘한다는 것은 모든 것을 마법처럼 한순간에 정상으로 돌려놓는 게 아닙니다. 혼란을 잠재우고 팀 전체가 같은 방향을 향해 일사불란하게 움직이도록 만드는 것, 그것이 AI 시대 팀장의 진짜 실력입니다.

3 단기조정과 운영 복구

비상상황에서의 우회로 설계 : '최선'이 아니라 '지금 가능한 최선'

지금까지 우리는 이상신호를 감지하고 알람과 대시보드로 문제가 보이게 만드는 방법, 그리고 그 문제를 놓고 긴급도와 심각도를 가르고, 무엇부터 확인할지 우선순위를 정하는 방법을 이야기했습니다. 이제는 예외루프의 핵심인 '복구'입니다.

복구를 원활하게 하기 위해 앞선 단계에서 선제조치를 취한 것입니다. 위기에서 팀을 살리는 건 원인 규명이 아닙니다. 예외상황에서 더 중요한 건 피해를 줄이며 정상루프로 돌아오는 길을 설계하는 겁니다.

종종 어떤 팀장들은 '이왕 문제가 생긴 김에, 이 기회에 완벽하게 해결하자'라고 생각합니다. 하지만 팀장이 근본원인을 찾아 완벽한 수술을 준비하는 동안, 고객은 기다려주지 않고 시장은 멈추지 않습니다. 그래서 팀장은 위기순간에 '정답'보다는 '우회로'를, '완치'보다는 '응급처치'를 먼저 생각해야 합니다. 예외루프는 길게 보면 학습의 과정이지만, 짧게 보면 치열한 생존의 기술이기 때문입니다.

우회로 설계는 결코 '대충 넘어가자'는 뜻이 아닙니다. 우회로란 피해를 최소화하면서 서비스나 업무를 지속하게 만드는 '임시경로'입니다. 위기상황에서 유능한 팀장은 '원래 방식'만을 고집하지 않습니다. 오히려 그 고집이 위기를 더 큰 파국으로 몰고 갈 수 있음을 잘 알기 때문입니다. 팀장은 대신 '지금 가능한 수준의 정상'을 만들어 내야 하는데, 그것이 바로 우회로입니다.

우회로를 설계할 때 팀장이 가장 먼저 지켜야 할 건 '핵심기능'입니다. 서비스라면 '결제, 주문, 배송'처럼 고객가치와 직결된 기능이 있고, 제조 현장이라면 '출하, 안전, 품질'이 그 중심에 있습니다. 이 핵심을 지키기 위해 주변 기능을 잠시 축소하거나, 사람의 개입을 늘리거나, 범위를 제한하는 전략적 선택을 내려야 합니다.

우회로 설계에는 실무적으로 자주 쓰이는 4가지 패턴이 있습니다.

> **1) 범위 축소** : 전체가 아니라 일부만 살린다.(특정 채널, 특정 고객군, 특정 라인 등)
> **2) 기능 켜기·끄기 설정** : 위험요소가 있는 기능을 잠시 끄고 안전한 기능만 남긴다.
> **3) 수동 전환** : 자동화 시스템을 잠시 멈추고 사람이 직접 개입한다.(검수 및 승인 강화, 수동 데이터 처리 등)
> **4) 대체경로** : 다른 채널로 우회한다.(FAQ, 공지, 콜백시스템 활용, 다른 공급망이나 벤더 활용)

AI는 우회로의 선택지를 빠르게 정리해 줍니다. 예를 들어 '결제 오류가 특정 카드사에서만 발생한다'는 신호가 있으면, AI는 공지문구 초안, 고객응대 스크립트, 대체 결제수단 안내, 예상문의 증가량까지 순식간에 정리해 줍니다. 팀장은 그 정리된 자료 위에서 우리 팀이 지금 지켜야 할 핵심은 무엇인지 선언하기만 하면 됩니다. "우리는 결제 성공률을 최우선으로 확보하고, 대신 일부 프로모션은 일시 중단하겠습니다." 이런 명확한 기조가 우회로의 기준이 됩니다.

특히 요즘같이 많은 업무가 자동화된 경영환경에서는 자동화의 폭주가 일어날 수 있습니다. 자동화는 평소에는 속도를 높여주는 엔진이지만, 위기상황에서는 피해를 키우는 증폭기가 되기도 합니다. 따라서 위기가 발생하면 즉시 자동화 루프를 중단할 수 있는 킬 스위치Kill Switch를 확보하고, 빠르게 수동 우회로로 전환할 수 있는 체계를 갖춰야 합니다.

지난 2023년 KT는 부산·울산·경남 지역에서 유선 인터넷 장애를 겪었습니다. 유선 인터넷 접속이 중단되면서 일부 기업과 자영업자들이 큰 불편을 겪었고 고객센터로 전화가 폭주했습니다. DNS 트래픽 급증으로 접속이 원활하지 않았던 이 사고에서, KT는 발생 20분 만에 DNS를 백업 경로로 우회조치하는 임시방편을 취했습니다. 그 사이 DNS 접속용 스위치의 이상을 파악하고 수리를 완료했죠. 속도는 조금 느려지더라도 일단 대체경로로 서비스를 지속시킨 뒤 본 경로를 복구한 전형적인 우회복구의 사례입니다.[30]

복구계획 : '원상복구'가 아니라 '재발방지까지 고려한 복구'

우회로는 어디까지나 임시방편입니다. 그래서 팀장은 우회로를 가동하는 동시에 빠르게 정식 복구계획을 세워야 합니다. 복구계획은 보통 다음 세 단계로 설계됩니다.

1) **응급복구(즉시)** : 지금 당장 고객과 현장을 살리는 조치입니다.(차단, 롤백Rollback, 대체 안내 등)
2) **안정화(단기)** : 시스템과 프로세스가 다시 흔들리지 않게 고정합니다.(모니터링 강화, 기준 확정, 추가 검증 등)
3) **복원(정상화)** : 원래 기능을 다시 활성화하고 임시 우회로를 걷어내며 단계적으로 복귀합니다.

여기서 흔히 저지르는 실수 중 하나는 우회로가 그럴듯하게 작동하면, 우회로를 대체경로로 그대로 두거나 너무 길게 끌고 가는 겁니다. 하지만 우회로는 시간을 벌어줄 뿐 근본적인 해결책이 아닙니다. 당장은 돌아가는 것처럼 보여도 최적화된 상태가 아니기 때문에 언제 또 다른 문제를 일으킬지 알 수 없습니다. 그렇다고 상황이 조금 안정되었다고 무작정 우회로를 끄고 다시 복구경로로 전환하는 것도 위험합니다. 그래서 복구계획에는 반드시 '복귀조건'이 명시되어야 합니다. 예를 들어 '오류율이 0.5% 이하로 2시간 동안 유지되면 기능을 다시 켠다' '재문의율이 정상범위로 돌아오면 안내 문구를 내린다' '공정 불량이 기준치 이하로 3배치 연속 유지되면 출하를 재개한다'와 같은 구체적인 기준이 필요합니다.

이런 조건 기반의 복귀기준이 없으면 팀은 '이 정도면 괜찮겠지'라는 감에 의존하게 됩니다. 하지만 감으로 복귀하면 안정화 단계를 건너뛰게 되고, 결국 똑같은 문제가 재발할 위험이 큽니다. 그래서 예외루프에서 팀장이 설계해야 할 가장 중요한 요소가 바로 이 정교한 복귀조건입니다.

　　AI를 활용하면 복구계획을 문서화하고 실행 체크리스트를 만드는 시간을 획기적으로 줄일 수 있습니다. AI에게 다음과 같이 요청하여 복구 마스터플랜을 확보해 보세요.

복구계획 및 체크리스트 생성을 위한 AI 프롬프트 예시

이번 사고에 대한 복구계획을 1) 즉시 조치 2) 24시간 내 조치 3) 48~72시간 내 조치로 나누어 수립해 줘. 각 항목에는 담당자, 기한, 완료 기준을 포함해 체크리스트 형태로 만들어줘.

　　이렇게 요청하면 복구에 대한 마스터플랜을 얻을 수 있습니다. 완료기준까지 생성함으로써 어느 시점에 정상루프로 완전히 복귀할지에 대한 정교한 계획을 수립할 수 있습니다.

복구실행 :
속도와 안전을 동시에 잡는 방법

복구실행 단계는 팀장이 가장 큰 혼란을 느끼는 시기입니다. 일단 상처는 지혈을 해서 막아 놓았는데, 정작 중요한 수술과 치료가 남았기 때문입니다. 주변은 소란스럽고 팀원들은 각자 업무로 바쁘며, 메신저와 카톡 창은 쉴 새 없이 울립니다. 고객과 현장, 경영진의 보고 요청이 동시에 쏟아지는 이때 팀장이 중심을 잃으면 팀 전체가 흔들립니다. 그래서 복구실행에는 고정된 '리듬'이 반드시 필요합니다.

실무에서 가장 안전하고 효과적인 리듬은 다음과 같습니다.

1) 15분 브리핑 : 현재 상태(사실), 위험(리스크), 다음 조치(액션)를 3줄로 짧게 공유합니다.
2) 60분 실행 : 브리핑 내용을 바탕으로 각자 맡은 조치를 수행합니다.
3) 15분 재집계 : 지표를 확인하고 우회로를 조정하며 복귀기준을 재확인합니다.

상황에 따라 시간을 30분이나 90분으로 조정할 수 있지만, 핵심은 '브리핑-실행-재집계'의 순환구조입니다. 회의를 너무 길게

끄는 것은 위기상황에서 결코 바람직하지 않습니다. 사안이 급박한데 신중함을 핑계로 회의실에만 머물러서는 안 됩니다.

쿠팡에서 3,300만 명의 정보가 유출되는 보안사고가 터졌을 때, 쿠팡의 대응은 굉장히 늦었습니다. 오너인 김범석 의장의 사과는 사고 발생 한 달이 지나서야 나왔고, 국회 청문회 출석마저 불성실하게 대응하며 결국 탈팡(쿠팡 탈퇴) 사태로 불리는 불매운동의 도화선이 되었습니다.[31] 반면 SK텔레콤도 해킹 사고를 당했는데, SK그룹의 최태원 회장은 사고 발생 19일 만에 직접 사과하며 구체적인 보상안을 발표했습니다. 재계 서열 2위의 총수가 직접 나서 신속하게 대응했다는 점에서, 사태는 불매운동으로 번지지 않고 원만하게 마무리되었습니다.[32]

쿠팡의 대응은 감정적인 것인지, 아니면 법적인 리스크를 최소화하기 위함이었는지 기준을 알 수는 없지만, 어떤 대응이든 국민들 여론이 나빠질 대로 나빠진 상태까지 갔다는 점에서 일단 시점면에서는 최악의 사례라고 할만 합니다.

중요한 것은 위기상황에서는 빠르게 회의실을 박차고 나와 현장에서 실행해야 한다는 겁니다. 회의를 너무 자주 열어 실행의 맥을 끊어서도 안 되지만, 회의 없이 현장으로만 달려가 팀의 방향이 흩어져서도 안 됩니다. 그래서 예외루프에서는 '짧은 정렬'과 '긴 실행'의 반복이 가장 좋습니다.

AI는 이 리듬을 유지하는 데에도 도움이 됩니다. 브리핑용 3줄 요약(사실, 리스크, 다음 행동)을 자동으로 만들어주고, 실행 중 쏟아지는 질문들을 FAQ로 묶어 팀원들이 반복 답변에 에너지를 뺏기지 않게 돕습니다. 또한 '누가 무엇을 했는지'를 타임라인으로 정리해, 후속조치로 있을 사후분석의 기반을 마련해 줍니다.

위기 커뮤니케이션도 복구의 일부다 : 기술이 아니라 신뢰의 복구

많은 팀이 복구를 단순한 기술적 결함 해결로만 생각하지만, 위기상황에서 진정으로 복구해야 할 것은 무너진 '신뢰'입니다. 고객에게 '왜 이런 일이 생겼나'는 그렇게 중요한 문제가 아닙니다. 그들에게 가장 중요한 것은 '지금 내 정보(혹은 서비스)는 안전한가'입니다. 팀원들과의 커뮤니케이션에서도 마찬가지입니다. '이번 문제는 누구 탓인가' '누구 책임인가' 하는 커뮤니케이션보다 '어떻게 해결할 것인가'의 커뮤니케이션이 이루어져야 팀원들이 심리적 안전감을 가지고 일할 수 있습니다.

팀장이 위기상황에서 전달해야 할 메시지는 다음 세 가지로 압축됩니다.

AI는 여기서 문장을 다듬어주는 데 도움을 주지만, 메시지의 최종 톤은 팀장이 책임져야 합니다. 위기상황에서의 커뮤니케이션 온도가 팀 전체의 분위기를 결정하기 때문입니다. 평상시의 친절과 배려는 누구나 어느 정도 연기할 수 있지만, 에너지가 고갈되는 위기상황에서는 가면을 유지하기 힘들어 이기심이 폭발하기 쉽습니다. 그래서 팀장이 중심을 잃고 감정적으로 대응하면 팀 분위기는 가라앉고 해결 가능성은 더 낮아집니다.

위기 시 팀장의 커뮤니케이션은 내용은 명확하고 합리적이되, 어조는 감성적으로 따뜻하고 배려 넘치는 톤을 유지해야 합니다. 하지만 보통은 그 반대가 되곤 하죠. 급할수록 내용은 감정적이고 어조는 형식적이 됩니다. 의식적으로 자신의 페르소나를 유지하지 않으면 팀장의 품격을 놓치기 쉬우므로 매우 긴장해야 하는 대목입니다. 대신 이러한 위기상황을 훌륭하게 진두지휘한 경험은 리더십을 비약적으로 성장시킵니다. 위기야말로 진정한 리더가 누구인지 증명하는 무대이기 때문입니다.

예외루프의 승자는 '정답을 찾는 사람'이 아니라 '복구경로를 만드는 사람'이다

예외루프에서 팀장이 해내야 하는 미션은 명확합니다. 시간을 벌고, 피해를 줄이며, 안전하게 정상루프로 돌아오는 겁니다. AI는 이 과정에서 자료를 정리하고 선택지를 제안하며 체크리스트를 만들어 팀장의 판단 속도를 높여주는 강력한 지원군입니다. 하지만 우회로를 선택하고, 어떤 기능을 잠시 끌지, 어떤 고객을 우선 보호할지 결정하는 최종적인 판단은 오직 팀장의 몫이자 실력입니다.

4

사후분석과
팀의
회복탄력성

팀의 회복탄력성

예외루프의 마지막은 해결이 아니라 '회수'입니다. 이상신호를 감지했고, 우선순위를 정해 우회로를 만들어 복구까지 마쳤습니다. 이제 남은 과제는 두 가지입니다. 하나는 왜 이런 일이 생겼는지를 명확히 정리해 다시는 같은 문제에 빠지지 않는 것이고, 다른 하나는 그 과정에서 지친 팀원들이 다시 일어설 수 있게 만드는 겁니다.

사고 직후 현장의 공기는 묘한 긴장감에 휩싸입니다. 겉으로는 '일단 살았다'는 안도감이 들지만, 속은 여전히 진정되지 않습니다. 누군가는 죄책감에 고개를 떨구고, 누군가는 분노를 삼키고 있고, 누군가는 그냥 멍하니 있습니다. 때로는 이 분노가 서로를 향하며 팀 분위기가 급격히 냉각되기도 하죠. 이때 팀장이 "빨리 원인을 분석해 개선하자"고 나서면, 팀원들은 본능적으로 '위축'되기 마련입니다. 책임소재가 자신에게 돌아올까 봐 겁이 나기 때문입니다. 하지만 이런 과정이 없다면 문제가 생긴 근본원인에 대해 규명할 수 없고, 결국 같은 위기에 다시 봉착하게 됩니다. 그래서 사후분석Postmortem은 반드시 거쳐야만 하는 과정입니다.

이 장의 핵심은 '균형'입니다. 간단하게 말하면 이성적으로 정리하되, 감성적으로 마무리하는 겁니다. 예전에는 이 두 가지 균형을 모두 팀장이 다 짊어져야 했지만, 이제는 AI에게 부족한 부분을 맡길 수 있습니다. AI는 냉정한 분석도 가능하고, 따뜻한 위로의 메시지도 만들어 줄 수 있거든요. 어쨌든 중요한 건 팀의 '회복탄력성'입니다. 사후분석을 통해 팀의 운영루프를 개선하는 것은 팀 자체의 회복이고, 팀원 전체에 감성적인 위로와 수고의 메시지를 건네는 것은 팀원들의 회복입니다. 이 두 가지를 모두 합친 것이, 진정한 팀의 회복탄력성resilience(회복능력)이라고 할 수 있습니다.

사후분석은 범인 찾기가 아니라
시스템의 '약한 고리 찾기'다

망하는 팀은 일의 성패를 사람에 맡기지만, 흥하는 팀은 일의 성패를 시스템에 얹습니다. 예외상황을 수습하는 과정도 마찬가지입니다. 일단 급한 불을 껐다면, 이제는 정상루프를 업그레이드할 시간입니다. 문제의 근본원인을 찾아내야, 시스템의 근본적인 개선도 이루어질 것이기 때문에, 일의 구조를 면밀히 점검해야 합니다.

실수가 손실로 증폭된 지점이 어디인지를 찾는 것이 핵심입니다. 이때 사람을 찾아 책임을 지우기보다는 그 사람이 다시 실수하지 않도록 근본 구조를 개선해야 합니다. 예를 들어 최종 점검 단계에서 오류를 찾지 못한 채 고객 공지가 나갔다면, 이걸 내보낸 최종 당사자를 질책하기보다 '체크 프로세스가 단 한 번뿐이었다'는 구조적 문제를 찾는 거죠. 이렇게 되면 문제해결이 달라집니다.

사람 탓으로 결론을 내리면 "앞으로 정신 차리고 똑바로 해"라는 질책을 합니다. 그러면 한두 달 정도는 정신을 차리겠지만, 6개월 정도 후에는 다시 방심의 곰팡이가 그 사람에게 퍼져 있을 가능성이 많습니다. 그리고 담당자가 바뀌면 똑같은 문제가 재발합니다. 반면 시스템에서 원인을 찾으면, '고객 최종 공지는 두 명이 더블체크한다'라는 보완책이 나옵니다. 그러면 한 사람이 방심하더라도, 또는 담당자가 바뀌더라도 실수할 가능성이 획기적으로 줄어듭니다.

그래서 원인분석은 '일의 구조'와 '시스템 분석'으로 가는데, 이런 기조를 팀장만 속으로 알고 있으면 안 되고, 팀원 모두가 알아야 합니다. 이 원칙을 공유해 서로 간의 인식에 깔리지 않으면 팀원은 사실을 숨기고, 대화는 방어적으로 변하고, 사후분석 문서는 예쁜 보고서로만 남게 됩니다. 진짜 원인을 찾아내기 힘들게 되는 것이죠.

AI로 근본원인분석을 더 빠르고 객관적으로 진행한다

교통사고가 나면 양측 운전자는 서로 자신이 피해자라고 주장하곤 합니다. 50:50의 쌍방과실이 아닌 한 둘 중 하나는 거짓일 텐데, 놀랍게도 가해 운전자에게 거짓말 탐지기를 사용해도 '진실'로 나오는 경우가 많습니다. 사람은 큰 사고를 겪으면 기억이 왜곡되어 자신에게 유리한 쪽으로 믿어버리는 성향이 있기 때문입니다.

팀에서도 똑같은 일이 벌어집니다. 사고가 끝난 뒤 팀장이 가장 힘들어하는 부분은 구성원들의 기억이 제각각이라는 사실입니다. 모두 자신에게 유리한 것만 기억해요. "그런 말 들은 적 없는데요." "저번에 ○○○ 씨가 다 확인했다고 해서 따로 확인하지 않았죠." "그건 지나가듯 말씀드린 적이 있는데요." 아무리 시스템을 보완하려는 것이라고 설득해도 사람은 본능적으로 자신에게 불리한 기억을 삭제합니다.

이래서는 제대로 시스템 보완을 하기 어렵습니다. 그래서 기록 위주로 사건을 재구성해 볼 수밖에 없습니다. 하지만 슬랙, 카톡, 이메일, 회의 메모, 모니터링 로그 등 쏟아지는 로데이터Raw Data를 일일이 분석하는 일은 고역입니다. 이때 AI의 진가가 발휘됩니다. 방대한 데이터를 심플하게 분류하고 심도 있는 인사이트를 도출하는 것은 AI가 가장 잘하는 일입니다.

AI를 사후분석에 활용할 때는 다음과 같은 순서를 권장합니다.

1) 타임라인 만들기

AI가 흩어신 기록들을 종합해 한 장의 타임라인으로 묶어줍니다. 언제 무엇이 관측됐고, 누가 무엇을 했고, 언제 복구됐는지를 시간순으로 정리합니다.

2) 사실, 가설, 미확인 분리

5분 트리아지 구조를 사후분석에도 그대로 씁니다. 사후분석에서 가장 위험한 건 그럴듯한 이야기가 사실로 굳어지는 겁니다. AI가 만들어 낸 문장일수록 더 그럴듯하니까요. 그래서 팀장은 AI에게도 '사실, 가설, 미확인'을 강제해야 합니다.

3) 근본원인과 기여요인 분리

근본원인은 보통 하나지만, 기여요인은 여러 개입니다. 예를 들어 배포 오류가 근본원인이라면, 기여요인은 검증 체크리스트 부재, 승인 병목으로 테스트 생략, 알람 무시 등입니다. 팀장은 여기서 사람 탓으로 흘러가지 않도록 기여요인을 구조적 언어로 표현해야 합니다.

4) 제거방법 후보 만들기

AI에게 "근본원인과 기여요인을 바탕으로 재발방지조치를 '즉시, 2주,

분기'로 나눠 제안해 줘"라고 요청하면, 실행 가능한 아이템이 쏟아집니다. 여기서 중요한 건 실제로 누가 언제까지 할지가 붙는 목록입니다.

AI를 통해 정리를 빠르게 한 후, 나열된 문장들 가운데 팀장은 취사선택을 해서 사후분석을 완성하면 됩니다. AI가 하는 것은 사후분석 자료 만들기이고, 그 자료를 바탕으로 최종 사후분석을 완성하는 것은 팀장의 몫입니다.

'제거'가 남아야 사후분석이다 : 재발방지는 문장보다 작업이다

사후분석을 잘해서 그럴듯한 재발방지책이 나왔는데도, 얼마 지나지 않아 똑같은 사고가 나는 경우가 있습니다. 이런 경우는 사후분석이 회의실 안에서 구호로만 끝났기 때문입니다. 실효성 있는 재발방지조치는 다음 세 겹의 레이어로 설계되어야 합니다.

그리고 팀장은 이 세 레이어 중 어디가 비어 있었는지 확인하고 비어 있던 층을 채우는 작업을 해야 합니다. 그리고 결론은 반드시 '누가(책임자), 언제까지(기한), 무엇을(산출물), 어떤 조건에서

1) **가드레일Guardrail(안전난간)** : 사고가 시작되지 않게 막는 장치(입력 검증 자동화, 승인 권한 고정, 필수 체크리스트 등)
2) **조기경보Early warning** : 사고가 커지기 전에 알리는 장치(이상감지 트리거, 대시보드 고도화, 알람 라우팅 최적화 등)
3) **복구루틴Recovery routine** : 사고의 충격을 최소화하는 장치(런북, 우회로 시나리오, 롤백 경로 확보 등)

완료(완료기준)'라는 구체적 행동의 언어로 끝나야 합니다.

사후분석의 결론이 "앞으로 조심하자" 정도의 구호로 끝나면, 그것은 발전이나 성장을 포기하겠다는 뜻입니다. 예전에 출판인들의 포럼에 초청받아 토론자로 참여한 적이 있었는데, 하루 종일 이어진 논의의 결론이 '좋은 책을 만들자'는 수준이어서 허무했던 기억이 있습니다. 사후분석 역시 마찬가지입니다. '체크를 자동화하자' '알람을 이중으로 만들자' '우회로를 한 장으로 만들자' 같은 짧지만 강력한 실행방안이 남아야 합니다.

팀을 위로하고, 격려하기 : 회복탄력성은 기분이 아니라 설계다

팀장의 역할이 절대적으로 필요한 부분이 남았습니다. 사후분석 문서만큼 중요한 게 바로 '팀의 마음 케어'입니다. 예외루프는 에너지를 갉아먹는 '에너지 뱀파이어'와 같습니다. 육체적 피로도 크지만, 사고 담당자가 느끼는 심리적 압박은 상상 이상입니다. '내가 팀을 망쳤다'는 죄책감을 오래 끌고 가면 다음번엔 더 위험해집니다. 또다시 사고 당사자가 될 수 없다는 생각에 사고가 날 만한 전조를 무시하고, 사고의 신호들을 숨길 수 있기 때문입니다. 심지어 분명한 사고인데도, 사고가 아니라고 우기기도 합니다.

그래서 팀에게 심리적 안전감psychological safety을 부여해야 합니다. 구글 Project Aristotle 연구에 따르면, '효과적인 팀을 만드는 5가지 요소' 중 제1요소는 실수를 해도 불이익을 낭하지 않을 것이라는 '심리적 안전감'이었습니다. 구체적으로 팀원이 실수를 해도 불이익을 당하지 않을 거라는 믿음이죠.[33] 심리적 안전감을 주려면 팀원의 감정을 보호해야 합니다. 무조건적인 "괜찮아"는 도움이 되지 않습니다. 대신 팀장이 평소 사람을 비판하지 않고 오직 행동과 데이터로만 대화하는 문화를 만들어야 합니다. 팀장은 평소에 사람을 평가하거나 비판하는 말을 자제하고, 행동 위주로 원인과 결과, 수치 같은 것들을 가지고 말을 해야 합니다.

사후분석 과정에서도 마찬가지죠. 문제가 된 원인을 찾아내는데서 그치지 말고, 그 문제를 해결하기 위한 가설까지 함께 제안하는 말하기 방식도 필요합니다. "A라는 문제의 원인은 B입니다"

에서 끝내면 그 문제의 담당자는 불안해하지만, "A라는 문제의 원인은 B인데, 이것을 해소하기 위해서는 C와 D라는 방안이 있습니다. 우선 앞으로 4주간 C방안을 적용해 테스트해 봅시다"라고 하면, 문제를 함께 해결해 나간다는 유대감이 생깁니다. 이런 문화는 팀에게 안전감을 주고, 안전감을 느낀 팀원들은 실수에서 배우고 업그레이드하여 보다 나은 업무설계와 실행을 해나갈 수 있게 됩니다.

이 과정에서 '치어업Cheer-up'도 필수입니다. 비상상황을 겪으며 고갈된 육체적·정신적 에너지를 채워주기 위해 회복의 리듬을 설계해야 합니다. 직장인들에게 최고의 회복은 경제적 보상과 휴가겠지만, 팀장의 권한 밖일 때가 많습니다. 대신 '일의 여유'를 조정해 주는 것은 가능합니다. 사고 후 시간표를 다음과 같이 짜보세요.

1) **사고 직후 24시간** : 필수 정리(사실, 영향, 다음 안내)만 하고, 팀원을 쉬게 하기
2) **48~72시간** : 사후분석 회의(60분) + 액션 아이템 확정
3) **1~2주** : 재발방지 작업을 완료하고 작은 성과 공유하기

여기서 중요한 것은 사후분석을 들어가고 정상루프에 복귀하

기 전에 짧은 '멈춤'과 '휴식'을 준다는 점입니다. 휴식은 그 자체로 수고에 대한 인정이며 보상입니다. 팀의 회복탄력성은 리더의 막연한 의지가 아니라, 팀장의 세심한 설계 하에서 만들어지는 것입니다.

예외루프의 마지막은 학습과 회복이 함께 끝나야 한다

예외루프에서는 정답보다 우회로가 먼저이고, 혼란을 줄이는 정리가 먼저입니다. 그리고 그 과정에서 얻은 모든 경험을 팀의 자산으로 남겨야 합니다. 이때 AI는 타임라인 작성과 근본원인분석을 신속하게 처리하고 재발방지책의 후보를 제안합니다. 팀장은 그 제안을 실행 가능한 작업으로 바꾸는 동시에 팀이 다시 일어설 수 있게 신뢰를 회복시킵니다.

예외루프는 분명 피하고 싶은 일이지만, 이를 잘 마무리하면 팀을 단단하게 만드는 훈련이 됩니다. 같은 사고가 두 번 일어나지 않게 하는 건 기술이 아니라 '학습을 회수하는 습관'이고, 그 습관을 팀에 이식하는 것은 오직 팀장의 역량에 달려 있습니다.

Part
5

성장루프에서
팀장의
AI 업무 스킬

1 리더의 개인 성장루프 : 트리플 A 리더십

팀장의 불안감에 답하다

지금까지의 여정을 잠시 정리해 보겠습니다. Part 1에서 우리는 팀장이라는 역할이 AI 시대에 어떻게 재정의되는지 살펴봤습니다. Part 2에서는 목표와 데이터, 설득과 프로페셔널리즘으로 팀을 정렬했고, Part 3에서는 정상루프를 안정적으로 굴리는 운영 기술을, Part 4에서는 예외루프에서 무너지지 않고 복구하는 기술을 다뤘습니다.

여기까지 읽은 많은 팀장은 이런 생각이 들 수도 있습니다.

'그래, 팀은 어떻게든 돌아가겠는데… 정작 나는 언제 성장하지?'

팀 업무에 매몰되어 있다 보면 팀이 성장하는 것은 눈에 보이지만, 그것이 팀장 개인의 성장과 직결되는지는 확신이 서지 않습니다. 팀의 성장이 곧 리더십의 확장을 의미하는 것 같기도 하지만, 사실 리더십은 지표를 잡기도 성과를 측정하기도 매우 어려운 능력입니다.

그래서 팀장 스스로 자신의 성장루프를 설계하고 실행하며 실제 달성해 나가는 프로세스가 꼭 필요합니다. 이런 설계가 없다면 팀장 역할만 죽어라 수행하다, 정작 자신은 제자리걸음인 듯한 느낌, 더 솔직히는 매너리즘에 빠져 발목이 잡힌 듯한 느낌에서 벗어날 수 없습니다.

최근에는 팀장이 되기보다 실무에서 전문성을 쌓아 개인 기여자IC, Individual Contributor 트랙으로 가거나, 사이드 프로젝트나 프리랜서 등 외부 성장경로를 동시에 열어두는 사람이 많아졌습니다.[34] 회사에 남는다면 전문성의 끝판왕이 되고, 아니면 회사 밖에서 살길을 찾겠다는 겁니다. 즉, 관리자 트랙으로는 가지 않겠다는 거죠. 이런 경향이 나타난 배경에는 팀장으로서의 성장방법은 보이지 않고, 역할의 한계만 뚜렷하다는 현실적인 이유가 자리하고 있습니다.

Part 5는 바로 이러한 팀장들의 불안감에 답하는 파트입니다. AI는 업무를 줄여주는 도구이기도 하지만, 더 본질적으로는 리더의 '성장속도'를 바꿔주는 도구입니다. 팀을 돌보는 속도만큼이나 팀장 자신이 성장하는 속도가 빨라지지 않으면 결국 다시 병목이 생깁니다. 팀이 커지고 일이 복잡해질수록, 그리고 예외상황이 잦아질수록 팀장 한 사람의 상태가 팀의 안정성을 좌우하기 때문입니다.

이 파트의 첫 단추로 팀장 개인의 성장루프를 다뤄 보겠습니다. 흔히 말하는 추상적인 리더십이 아니라, 팀장의 컨디션과 학습이 어떻게 실질적인 성과로 이어지는지에 대한 지극히 현실적인 이야기입니다.

팀장은 직급이 아니라 상태다 : 인수인계가 없는 자리

팀장이 되는 것은 분명 승진입니다. 하지만 최근에 팀장이 되는 것에 부담을 느껴 관리직을 기피하는 언보싱 트렌드가 나타나고 있습니다. 언보싱Unbossing이란 한마디로 '승진해서 보스(관리자)가 되기보다, 그냥 내 일만 잘하며 살겠다'는 흐름을 말합니다. 특히 중간관리자(팀장·파트장) 자리를 일부러 피하거나 최대한 늦추는 현상을 '의도적 언보싱'이라 부르기도 합니다.[35] 실제로 영국

Z세대를 대상으로 한 조사에서 52%가 중간관리자가 되고 싶지 않다고 답하며, 과반이 넘는 직장인이 팀장 자리를 거부하는 것으로 나타나기도 했습니다.[36]

이렇게 된 데에는 팀장이 되면 책임은 급증하는데 보상은 기대에 못 미친다는 체감이 깔려 있습니다. 책임이 늘어난다는 것은 곧 업무량이 폭증하고, 원치 않는 야근을 견뎌야 한다는 이야기이기도 하니까요.

팀장의 업무는 팀원들의 숫자만큼이나 광범위합니다. 업무도 늘어나고, 회사에 따라 실무와 관리를 동시에 수행해야 하는 경우도 허다하죠. 그런데 실무 영역에서는 인수인계가 비교적 잘 이루어지는 반면, 관리자인 팀장의 업무 인수인계는 매우 부실한 경우가 많습니다. 대개 해당 팀에서 팀장이 되다 보니 '이미 다 알고 있지 않느냐'는 안일한 관점이 지배적이기 때문입니다.

하지만 팀을 책임지고 관리하는 팀장의 역할은 옆에서 지켜본다고 해서 저절로 알게 되는 게 아닙니다. 팀장이 된 사람도 팀장 역할이 처음이라 시행착오를 겪을 수밖에 없는데, 조직의 사정은 그런 시행착오를 너그럽게 참아줄 만큼 여유롭지 않습니다. 팀원의 실수는 팀장이 커버해 줄 수 있지만(이 과정에서 팀장의 업무는 기하급수적으로 늘어납니다), 팀장의 실수는 본부장이나 경영진이 커버해 주지 않습니다. 냉정한 평가만이 기다릴 뿐이죠. 그래서 팀장은 직급이 아니라 하나의 '상태'로 이해되어야 합니다.

1) 늘 결정을 내려야 하는 상태
2) 늘 누군가의 문제를 떠안고 있어야 하는 상태
3) 늘 중간에서 설득하고 조율해야 하는 상태

그래서 팀장이 이 상태를 최상의 컨디션으로 유지하기 위해 셀프 케어를 하는 것은 사치가 아니라 핵심 업무능력의 일부입니다. 팀장의 컨디션이 무너지면 팀의 우선순위가 뒤섞이고, 커뮤니케이션에 균열이 생기며, 위기상황에서 판단력이 흔들리기 때문입니다.

체력적으로 지치지 않도록 스스로를 관리하는 것도 팀장의 중요한 덕목입니다. AI 시대에는 이 문제가 더욱 중요해집니다. AI가 업무속도를 높일수록 팀장은 더 자주, 더 중대한 결정을 내려야 합니다. 그리고 결정의 빈도가 늘어날수록 피로는 더 빨리 쌓입니다. 현장에서 AI를 도입하며 직장인들이 기대한 건 '일의 경감'이었지만, 현실은 '결정의 가속화와 양적 증가'에 가깝습니다. 따라서 늘어난 의사결정의 무게를 감당할 수 있는 체력은 팀장의 핵심 경쟁력이 됩니다.

팀원을 성장시키며
자신도 성장하는 방법

좋은 팀장은 팀원을 키웁니다. 하지만 팀원만 키우다 보면 팀장은 금세 고갈됩니다. 팀원들을 학습시키느라 정작 팀장 자신은 학습의 타이밍을 놓치기 십상이죠. 그러나 팀원들이 성장할수록 팀장은 더 큰 문제를 맡게 되고, 더 높은 수준의 판단을 요구받게 됩니다. 그래서 팀이 성장하면 팀장은 그보다 더 성장해야만 합니다. 리더의 성장은 선택이 아니라, 필수적인 '업무'인 셈입니다.

AI 시대의 유능한 팀장은 학습을 '시스템'으로 만듭니다. 혼자 힘겹게 버티는 리더가 아니라, 매 사이클마다 자신을 스스로 업데이트하는 리더가 되어야 합니다. 리더의 개인 성장루프인 트리플 A 리더십Triple-A Leadership은 여기서 시작됩니다.

이 세 단어는 단순해 보이지만, 실제로는 팀장의 하루를 바꾸고 미래의 가치를 결정짓는 강력한 루틴이 됩니다.

Ask :
리더의 질문은 업무 질문이 아니라
'업데이트 질문'이다

팀장이 질문을 많이 하는 건 좋은 습관입니다. 다만 그 질문이 "오늘 점심 뭐 먹지?" 같은 일상적인 것에 그친다면 성장은 일어나지 않습니다. 중요한 것은 질문의 '결'입니다. 질문은 보통 '자신'과 '팀', 그리고 '내면적'과 '외면적'으로 나눌 수 있습니다.

구분	내면적	외면적
자신 (리더)	자신의 인사이트에 관한 질문 예 이번 주의 결정 중, 데이터 없이 감으로 한 건 무엇인가?	자신의 업무(실행)에 관한 질문 예 내가 병목이 된 순간은 어디였나?(승인, 검수, 방향 등)
팀 (구성원)	팀의 인사이트에 관한 질문 예 이번 주 팀이 가장 헷갈려한 기준은 무엇인가?(완료기준, 우선순위 등)	팀의 업무(실행)에 관한 질문 예 다음 주에 '변수 하나'만 바꾼다면 무엇을 바꿀 것인가?

정상루프 상황에서 팀장은 이러한 질문을 끊임없이 던져야 합니다. 위기가 아니더라도 개선할 점은 없는지, 더 나은 방법은 없는지 계속해서 실험해야 하기 때문입니다. 잘되고 있더라도 더 잘되는 방법이 없는지를 계속 실험하려면 이런 질문들이 끊임없이

이어져야 합니다.

AI는 이 'Ask' 과정을 더 날카롭게 다듬어줍니다. 예를 들어 **"지난 2주간의 회의록과 메신저 대화에서 반복된 문제를 5가지로 요약해 줘"**라고 요청하면, 팀장이 무심코 놓쳤던 신호들이 드러납니다. '내가 똑같은 질문을 세 번이나 했네' '이 이슈는 매주 반복되네' 같은 인사이트를 얻게 되죠. 이러한 데이터는 리더를 비추는 정직한 거울이 됩니다.

Ask의 감성적인 면은 여기에 있습니다. 질문을 던진다는 건, 사실 '완벽하지 않아도 된다'는 선언입니다. 팀장이 모든 정답을 쥐고 있다는 환상을 내려놓는 순간, 팀의 심리적 안전감은 높아집니다. 심리적 안전감은 리더가 질문할 때 생깁니다. "나도 확신이 없으니 함께 확인해 보자"는 말은 팀원들에게 '불편한 진실'을 말해도 좋다는 허락의 신호가 됩니다. 리더의 질문이 팀의 공감과 몰입을 이끌어내는 겁니다.

Adapt :
반응하되, 흔들리지 않게 반응한다

팀장에게 가장 어려운 숙제는 '변화'입니다. 시장도 변하고, 조직도 변하고, 팀원도 변합니다. 문제는 변화가 '하나씩' 오지 않는 다는 겁니다. 대개 그 변화는 예고 없이 갑작스럽게 찾아옵니다. 그럴 때면 팀장은 빠짐없이 흔들립니다. 변화가 잦으면 익숙해질 법도 한데, 매번 다른 얼굴로 나타나기에 적응은 늘 고통스럽습니다. 하지만 팀장이 흔들리면 팀 전체가 흔들립니다. 그래서 변화 앞에서도 리듬을 유지하는 조절능력이 필요합니다.

Adapt는 단순히 빨리 바꾸자는 말이 아닙니다. '바꿀 것'과 '고 정할 것'을 명확히 구분하는 능력입니다. Adapt의 기술은 두 가지 로 정리됩니다.

> 1) **가드레일을 유지하며 바꾸기** : 품질, 윤리, 팀의 체력 같은 '절대선'은 끝까지 지킨다.
> 2) **작게 바꾸기** : 한 번에 크게 바꾸지 않고, 변수 하나씩 실험하며 안정 적으로 이동한다.

성과 압박이 심해지면 많은 팀장이 "다들 더 열심히 하자"며 가 속을 붙이려 합니다. 하지만 성과는 단순히 노동량을 늘린다고 오 지 않습니다. 밤새워 주문량을 맞추던 개발도상국 시절의 문법은 이제 통하지 않습니다. 지금은 '열심히'가 아니라 '잘하는 것'이 중 요한 시대입니다.

팀이 잘하게 만들려면 프로세스를 바꿔야 합니다. 시스템 자체가 최적화되어 돌아가면 성과는 더 올라가죠. 프로세스를 바꾼다는 건 회의가 길면 자르고, 승인 병목이 있으면 기준을 문서화하며, 재작업이 많으면 완료기준DoD을 명확히 고정하는 식입니다. 즉, Adapt는 팀원을 몰아붙이는 것이 아니라 팀이 덜 헤매도록 시스템을 미세조정하는 과정입니다.

AI는 Adapt를 도와주는 훌륭한 시뮬레이터가 됩니다. "이 기준을 바꾸면 어떤 부작용이 생길까?" "이 우회로를 선택하면 어떤 리스크가 올라갈까?"와 같은 질문에 대해 AI로 미리 시뮬레이션해 볼 수 있습니다. 그리고 수많은 선택지 중 AI가 긍정적으로 예측한 몇 가지만 추려 현실에서 실험한다면, 무차별적인 시도보다 훨씬 효율적이고 팀장의 수고도 덜 수 있습니다. AI는 팀장의 생각에서 '사각지대'를 제거하고 팀장을 정리된 상태로 되돌려 놓는 강력한 도구입니다.

다음과 같은 프롬프트를 변형해서 입력해 보세요. 물론 팀에 대한 정보는 따로 주어야 합니다.

AI 프롬프트 예시

지금 우리 팀의 업무 프로세스 중에서 기본 가드레일을 지키면서 효율성을 추구할 수 있는 변화 설계를 해줘. 작은 변화, 중간 변화, 큰 변화를 제시하고, 그에 대한 시뮬레이션과 효과 예측, 그리고 완료기준도 제시해 줘. 각 변화에 따른 부작용과 리스크도 제시해 줘.

Advance :
성장의 흔적을 남기고, 다음 레벨로 올라간다

'Ask'와 'Adapt'만 잘해도 현명한 운영자가 될 수 있습니다. 하지만 진정한 리더로 거듭나려면 'Advance'가 필요합니다. 리더의 성장은 '누적'되어야 하기 때문입니다. 성장한다는 것은 배운 것을 기록으로 남겨 다음 사이클에 즉시 적용할 수 있는 자산으로 만드는 일입니다. 팀이 핸드북을 만들듯 팀장 역시 자신만의 핸드북을 가져야 합니다. Advance는 세 가지 형태로 나타납니다.

1) **나만의 의사결정 템플릿** : 예외루프에서 5분 트리아지, 정상루프에서 주간 리뷰 구조 정립 같은 것
2) **나만의 프롬프트 라이브러리** : 회의 프리리드 작성, 피드백 정리, 사후분석 초안 등 반복 가능한 질문 세트
3) **나만의 학습 루틴** : 매주 한 편의 리포트 읽기, 한 번의 회고, 한 번의 코칭 실험

AI는 Advance를 습관으로 만드는 데 최적화되어 있습니다. 매주 금요일 오후 딱 10분만 투자해 AI에게 이렇게 시켜 보세요.

팀장이 성장하는 방식이 '갑자기 깨달음'이 아니라 '매주 반복
되는 루프'로 바뀝니다. 사람은 반복하는 만큼 강해집니다. 이 루
프가 안착되는 순간 성장의 속도는 차원이 달라집니다.

개인 성장루프의 결론 : 팀장은 '상태'를 관리하는 사람이다

트리플 A 리더십은 화려한 구호가 아닙니다. 팀장이라는 '상
태'를 건강하게 유지하기 위한 실전 루틴입니다. 'Ask'로 자신
을 업데이트하고, 'Adapt'로 환경 변화에 유연하게 반응하며,
'Advance'로 배움을 누적해 다음 레벨로 올라갑니다.

이 루프가 중요한 이유는 단순합니다. 팀장이 성장해야 팀이
성장하기 때문입니다. 팀원이 성장하는 건 반가운 일이지만, 팀장
이 고갈되면 그 성장은 지속될 수 없습니다. 리더가 무너지면 팀은

다시 불안정에 빠집니다. 그래서 팀장의 셀프 케어는 팀을 위한 헌신이며, 팀장의 레벨업은 조직을 위한 가장 강력한 전략입니다.

2

리더의
시스템 성장루프 :
RPAE

지속학습시대의 자기 업데이트 :
'정보를 더 많이'가 아니라 '학습을 더 짧게'

앞에서 다룬 '질문하고, 반응하고, 진화하는' 트리플 A 리더십은 분명 강력합니다. 하지만 태도만으로는 오래 '버티기 어렵습니다. 팀장이라는 역할은 하나의 '상태'이고, 그 상태는 매일의 컨디션에 따라 흔들리기 마련이니까요. 업무가 쏟아지는 주가에는 질문할 여유조차 사라지고, 위기상황에서는 자기성찰이 사치처럼 느껴지기도 합니다. 그래서 이번 장에서는 개인의 의지에만 기대지 않는 '시스템'을 제안하려 합니다.

AI 시대의 핵심은 '더 빨리 업데이트'입니다. 우리는 이미 LLL Lifelong Learning(지속학습)의 시대에 깊숙이 들어와 있습니다. 기술이 바뀌고, 고객이 바뀌고, 조직이 바뀌는 속도가 예전과 비교가 안 될 정도로 빨라졌습니다. 이 속도전에서 살아남는 리더는 지식이 많은 사람이 아니라, 학습을 통한 업데이트가 습관이 된 사람입니다. 그리고 습관은 마음가짐이 아니라 구조로 만들어집니다. 그 구조가 바로 'RPAE 루프'입니다. 이는 팀장 개인의 성장을 단순한 '계획'이 아닌, 매일 가동되는 '운영시스템'으로 바꿔줍니다.

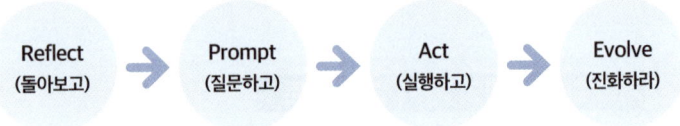

그런데 지속학습이라는 말은 일견 멋있어 보이지만, 팀장에게는 큰 부담이기도 합니다. 배울 것이 너무너무 많으니까요. AI 시대에 팀장이 빠르게 지치는 이유는 단순합니다. 공부가 늘 '가외업무'가 되기 때문입니다. 그리고 가외업무는 일정이 빡빡해지면 가장 먼저 생략되는 업무이기도 합니다. 그래서 조금만 바쁘거나, 마음의 여유가 없거나, 개인적인 일이 생겨버리면 업데이트가 멈춰버리는 겁니다.

이제 전략을 바꿔야 합니다. 지속학습의 핵심은 공부시간을 늘리는 게 아니라, 학습단위를 작게 쪼개 업무 프로세스 속에 붙이는 겁니다. 30시간짜리 거창한 강의보다 10분짜리 동영상 강의가 더 강력하며, 한 권의 책보다 한 장의 템플릿이 더 오래 남습니다. 팀장에게 필요한 학습은 시험공부가 아니라 현장에 즉시 적용되는 업데이트여야 합니다.

RPAE는 이 현실을 전제로 설계됩니다. 한 번에 크게 바꾸지 않고, 매 사이클마다 작게 업데이트하고, 그 결과물을 다시 시스템에 저장하는 방식입니다. 체력을 키우기 위해 '시간 날 때 헬스장에 가겠다'고 결심하는 사람은 결국 회비만 기부하게 됩니다. 반면 퇴근길에 무조건 들러 딱 10분이라도 운동하겠다는 루틴을 일과에 넣은 사람은 지킬 확률이 비약적으로 올라갑니다. 이처럼 배움의 기회를 시스템화해 놓으면 팀장은 매번 다짐하지 않아도 자연스럽게 업데이트되는 사람이 됩니다.

Reflect : 나를 평가하는 게 아니라, 패턴을 수집한다

Reflect(회고)는 단순히 반성하거나 성과를 자랑하는 시간이 아닙니다. 시스템 루프에서의 리플렉트는 철저한 '데이터 수집' 단계입니다. '이번 주의 패턴은 무엇이었나?'처럼 이번 한 주 동안 내가 어떤 환경에서 어떤 방식으로 일했는지, 그 '패턴'을 수집하는 겁니다.

팀장은 늘 시간이 부족합니다. 회의가 쏟아지고, 메시지가 끊이지 않고, 승인과 조율이 하루를 조각냅니다. 팀장은 회사에 들어서는 순간부터 루틴한 업무에 대한 '자동반응 모드'가 켜지게 됩니다. 그래서 리플렉트는 바로 내 자동반응이 만들어 낸 흔적을 객관적으로 들여다보는 시간이어야 합니다. 여기서 팀장이 보아야 할 건 결과적인 성과가 아니라 운영지표입니다. 예를 들어 금요일 오후 이번 주 캘린더를 펼쳐보고 내가 어디에 시간을 썼는지 숫자로 확인하는 겁니다.

'회의의 횟수가 지나치게 많지는 않았는가?'

'컨텍스트 스위칭(집중을 끊고 옮겨 다닌 횟수)는 몇 번이었는가?'

오전엔 보고서, 오후엔 이슈 대응, 저녁엔 메신저 처리로 하루가 쪼개졌다면, 팀장은 일을 많이 한 걸 수도 있지만 주의력이 계속 파편화된 상태였을 가능성이 큽니다. 이때 리플렉트의 질문은 이렇게 바뀌어야 합니다.

'이번 주에 내가 지친 이유는 일이 많아서였나, 아니면 집중이 자주 끊겨서였나?'

기록을 보고 패턴을 분석한다는 건 이런 의미입니다. 반성을 기억에 맡기면 감성적으로 흘러가기 쉽고, 해결책도 개인적일 수밖에 없습니다. 하지만 반성을 기록에 맡기면 이성적으로 흘러가고, 시스템적인 해결책을 도출하게 합니다.

AI는 이 리플렉트를 감이 아니라 '자료'로 바꾸는 데 활용하면 좋습니다. 팀장이 일주일을 기억으로 회고하면, 바쁜 날이 과대평가되고 조용한 성과가 묻히기 쉽습니다. 이럴 때에는 AI에게 이렇게 요청해 보세요.

주간 업무패턴 분석을 위한 AI 프롬프트 예시

지난 일주일간의 캘린더, 회의 메모, 메신저 대화를 기반으로 다음 사항을 요약해 줘.

1) 회의 유형별 비율(결정·공유·피드백)
2) 반복된 질문 TOP5
3) 내가 긴급대응으로 개입한 횟수
4) 야간 및 주말에 발생한 업무신호

이를 통해 팀장은 기분이 아니라 패턴을 읽을 수 있습니다. 예를 들어 '야간 메시지가 늘어난 주는 항상 결정이 늦어졌던 주였다' 같은 상관관계가 보이기 시작하는 거죠. 이 지점부터 리플렉트는 감정의 소모가 아니라, 다음 시스템 설계의 재료가 됩니다.

그리고 리플렉트는 팀장의 '컨디션'도 데이터로 볼 수 있습니다. 팀장에게 컨디션은 사생활이 아니라 생산성의 핵심변수입니다. 이번 주에 자신이 예민해진 순간이 언제였는지, 어떤 업무(갈등 조율, 급한 보고, 예외상황)에서 에너지가 급격히 빠지는지, 반대로 어떤 순간(명확한 결정, 좋은 코칭 대화, 조용한 집중)에서 회복되는지를 체크해 두면 다음 사이클을 운영할 때 훨씬 유리해집니다.

이처럼 리플렉트는 팀장을 몰아붙이는 시간이 아니라, 자신의 취약한 패턴을 파악해 스스로를 구해내는 시간입니다. '나는 왜 이 모양이지?'가 아니라 '내가 이런 패턴에 취약하구나'로 바뀌면, 팀장은 자책 대신 설계를 할 수 있습니다.

Prompt : 질문은 AI에게 던지는 말이 아니라 사고를 구조화하는 도구다

Prompt(프롬프트)는 AI에게 일을 시키는 형식이지만, 팀장에게는 '사고 정리'라는 더 중요한 의미가 있습니다. 프롬프트를 작성하고 AI와 대화하는 과정 자체가 리더의 생각을 구조화하기 때문입니다.

업무에서 활용되는 좋은 프롬프트의 구조는 사실 단순합니다.

1) **목적** : 왜 하는가?

2) **맥락** : 어떤 전제 조건인가?

3) **산출물** : 무엇을 결과로 얻고 싶은가?

4) **기준** : 어떤 품질이어야 하는가?

5) **제약** : 하지 말아야 할 것은 무엇인가?

이 구조를 갖추려 노력하다 보면 팀장은 자신이 하고자 하는 일의 본질을 명확히 깨닫게 됩니다. 머릿속으로만 생각할 때는 모호했던 것들이 프롬프트를 작성하며 구체화되는 거죠. 그래서 프롬프트 단계는 단지 AI를 쓰는 단계가 아니라, 리더의 사고를 명료하게 만드는 단계입니다.

예를 들어 단순히 "팀 리뷰를 잘하고 싶다"라고 묻는 대신, **"성과, 과정, 품질, 사람의 4개 관점으로 변화와 다음 액션을 도출해 줘"**라고 질문을 정교화하는 과정에서 팀장 스스로 무엇을 보고 결정해야 할지 선명해집니다. 여기서 핵심은 프롬프트를 즉흥적으로 쓰지 않는 것, 1회용으로 쓰지 않는 겁니다. 시스템 루프에서는 프롬프트를 자산으로 봅니다. 회의 프리리드, 5분 트리아지, 사후분석 타임라인, 피드백 요약 등 거듭된 프롬프트를 통해 자신과 팀에 가장 잘 어울리는 프롬프트를 발견할 수 있습니다. 그리고 이렇게 잘 짜인 프롬프트가 쌓일수록 팀장은 매번 새로 시작할 필요가 없으며, 성장의 속도는 비약적으로 빨라집니다.

Act :
실행은 크게 하지 말고,
'작은 실험'으로 고정한다

많은 팀장이 Reflect와 Prompt 단계에서 멈추곤 합니다. 정리하고 감탄한 뒤 다시 바쁜 일상으로 돌아가 버리죠. 그래서 루프가 돌지 않습니다. 시스템 루프의 진짜 핵심은 'Act(실행)'입니다.

실행의 효과적인 원칙은 '하나만, 작게' 바꾸는 겁니다. 정상루프에서든 예외루프에서든, 다음 사이클에 바꿀 변수를 하나만 고릅니다. 승인 병목이 문제라면 승인 기준을 문서로 고정하고, 회의가 길다면 '프리리드 1페이지 + 30분 회의'로 제한하는 식으로 하나씩만 바꿔 보는 거죠. 그리고 실험을 해봅니다. 한꺼번에 두세 개씩 바꾸면 결과가 좋아져도 무엇 때문인지 알 수 없습니다. 이를 과학적 용어로 '변인통제'가 안 되었다고 말하는데, 기껏 실험을 하고도 결과가 나오지 못하는 거죠. 거창한 혁신보다는 작은 변화를 만들어 봐야 합니다. 이런 변화가 루프를 바꾸고, 그 루프들이 쌓여 팀의 체질을 바꿉니다.

AI는 Act 단계에서 속도를 줍니다. 템플릿 초안, 체크리스트, 공지 문구, 회의록 구조, 코칭 실험안 등을 즉시 제공하여 실행의 문턱을 낮춰줍니다. 그래서 팀장은 에너지를 '만드는 일'에 쓰지 않고 '결정하고 설계하는 일'에 집중할 수 있게 됩니다. 구체적인 실행방법이 안 떠오른다면 다음과 같이 프롬프트를 요청해 봐도 좋습니다.

AI 프롬프트 예시

[　]라는 변화를 주려고 하는데, 이 변화를 실행하기 위한 구체적인 방법을 제시해 주고, 그 방법에 대한 타임라인을 설정해 줘. 그리고 단계별 체크리스트도 만들어줘.

Evolve :
나만 성장하는 것이 아니라
내 시스템이 성장하게 만든다

Evolve(진화)는 단지 '다음 단계'로 넘어가는 게 아닙니다. 배운 것을 자산으로 저장하고, 다음에 재사용할 수 있게 만드는 단계입니다. 팀이 업무 핸드북을 만들듯, 팀장도 자신만의 핸드북이 있어야 합니다. 이 핸드북을 '실험노트'라고 생각해도 되고, '성장일지'라고 생각해도 됩니다. 자신만의 '업무노트'일 수도 있고요.

이런 비밀노트가 없으면 팀장은 매번 똑같은 실수를 반복할 확률이 높습니다. 시간이 지날수록 기억은 희미해지고, 습관은 선명해지니까요. 똑같은 회의를 다시 하고, 똑같은 말로 설득하고, 똑같은 방식으로 위기를 맞습니다.

팀장의 핸드북에 기록될 내용은 다음과 같은 것들을 추천합니다.

1) 이번 사이클에 만든 템플릿을 저장한다(프리리드, 회의록, 리포트 등).
2) 이번 사이클에 유효했던 프롬프트를 라이브러리에 넣는다.
3) 이번 사이클에 실패했던 프롬프트는 '금지 문장'과 함께 기록한다.
4) 다음 사이클의 기준선을 업데이트한다(지표 정의, 가드레일).

팀장의 비밀노트가 쌓이면 팀장은 한 번 잘한 사람이 아니라 계속 발전하는 사람이 됩니다. 거인의 어깨 위에서 세상을 보듯, 기록된 경험 위에서 일을 시작하면 출발선 자체가 달라집니다. 시스템에 자기진화 기능이 내장되면 생산성은 단발성이 아닌 '누적'으로 상승합니다. 사이클마다 5%씩만 개선되어도 어느 순간 팀장은 한 단계 높은 수준의 성취를 맛보게 될 겁니다.

여기서 AI를 나의 시스템으로 편입한다는 것은 다음 두 가지를 의미합니다.

> 1) **루틴의 자동화** : 반복되는 정리, 요약, 초안, 체크리스트를 AI에 맡겨
> 시간을 확보한다.
> 2) **통찰의 확장** : 패턴 분석, 가설 비교, 우선순위 정리, 시나리오 검토로
> 사고의 폭을 넓힌다.

루틴을 자동화하면 시간이 생기고, 시간이 생기면 통찰을 확장할 여유가 생깁니다. 통찰이 확장되면 다시 더 좋은 루틴이 만들어집니다. 이 선순환이 RPAE의 본질입니다.

자기진화를 통한 생산성 향상 : 시간 절약이 아니라 판단 품질의 누적

AI로 사이클 당 2배 성장한다는 말이 단순히 '시간을 반으로 줄인다'는 뜻은 아닙니다. 팀장에게 진짜 생산성은 시간 단축보다 '판단 품질의 누적'입니다.

더 빨리 정리하고 (Reflect)	더 선명하게 질문하고 (Prompt)	더 구체적으로 실행하고 (Act)	더 오래 남기고 (Evolve)

이 과정이 매 사이클마다 돌아가면, 팀장은 비슷한 문제에서 덜 흔들립니다. 위기에서도 덜 당황하고, 일상에서도 덜 소모되고, 팀원에게 더 좋은 코칭을 할 여유가 생깁니다. AI는 팀장을 '더 바쁘게' 만드는 도구가 아니라, 팀장을 '더 정교하게' 만드는 도구가 되어야 합니다. RPAE는 결국 이런 약속입니다.

'팀을 운영하느라 나를 소진시키지 않고, 운영 자체가 나를 성장시키게 만들자.'

3 감정과 데이터의 균형 : 리더의 디지털 감수성

리더의 품격

팀장 개인의 성장루프Triple-A와 리더가 매 사이클마다 스스로를 업데이트하는 시스템 루프RPAE를 만들었습니다. 그런데 여기서 한 가지가 더 필요합니다. 성장의 속도가 빨라질수록, 팀장은 더 자주 더 큰 결정을 하게 되고, 그 결정은 더 많은 사람의 감정과 삶에 직접적인 영향을 미칩니다. AI가 업무속도를 높이는 시대에는 리더십의 호흡도 빨라지지만, 속도가 빠르다고 해서 리더십이 자동으로 좋아지는 것은 아닙니다. 속도가 리더의 '품격'을 대신할 수는 없기 때문입니다.

그래서 이제 필요한 것은 '어떻게 더 많이 할 것인가'가 아니라 '어떻게 더 인간답게 할 것인가'입니다. 데이터에 매몰되어 그 숫자 뒤에 숨겨진 인간의 감정을 무시하지 않도록, 팀장은 데이터와 감정을 동시에 다룰 수 있는 '디지털 감수성'을 갖춰야 합니다. 이것이야말로 AI 기술이 아무리 발달해도 우리에게 여전히 '인간 팀장'이 필요한 핵심 이유이기 때문입니다.

데이터가 커질수록
감정은 사라지는 게 아니라 숨는다

팀장이 숫자를 보기 시작하면, 팀은 초기엔 안정감을 느낍니다. 명확한 기준이 생겼기 때문입니다. 하지만 시간이 흐르면 다른 문제가 생깁니다. 인간이 일하는 것이니만큼 감정이라는 게 남기 마련인데, 데이터 틈바구니 사이에서는 그것이 드러날 틈새가 없습니다. 결국 감정은 데이터 아래로 깊숙이 숨어버립니다. 그렇게 드러나지 않고 해소되지 않은 감정은 소멸되지 않고 에너지를 응축하다가, 언젠가 팀을 뒤흔드는 위험요소로 돌변합니다.

예를 들어 평균응대시간AHT이나 처리량 같은 지표가 강조되면, 팀은 이 지표가 지시하는 속도에 맞추기 시작합니다. 그렇게 되면 지표는 좋아질지 몰라도, 고객의 재문의율이 소리 없이 올라가고 팀원들의 피로는 한계치까지 쌓입니다.

숫자는 '지금 팀이 안에서부터 무너지고 있다'는 신호를 직접적으로 말해주지 않습니다. 그 신호는 보통 채팅방의 말투 변화, 회의에서 사라지는 농담, 보고서에 늘어나는 방어적 표현, 혹은 커피 브레이크에서의 어색한 침묵 등으로 나타납니다. 30분 안에 끝나는 효율적인 회의라는 틀에 갇혀 사적인 대화가 차단된 상태를, 팀장은 오히려 팀이 잘 운영되는 상태인 줄 착각하기도 합니다.

AI 시대에는 이 현상이 더 심화됩니다. AI가 초안과 요약을 너무 잘 만들어주면, 팀은 그럴듯한 문서로 불편한 감정을 덮어버릴 수 있기 때문입니다. 이런 상황에서 리더의 디지털 감수성은 단순히 분위기 파악 같은 감각이 아니라, 숫자 바깥에서 일어나는 미세한 '인간의 신호'를 읽어내는 능력이 되어야 합니다.

데이터의 활용은 인간의 선택에 달렸다

현장에서 점점 더 많은 리더가 "데이터로 말하자"고 강조합니다. 하지만 이 말이 "데이터로'만' 말하자"로 변질되는 순간, 조직은 쉽게 무너질 수 있습니다. 조직은 사람들로 이루어진 느슨한 네트워크입니다. 연결의 형태나 거리는 데이터로 측정할 수 있지만, 그 연결의 '강도'나 '점도'는 데이터에 잡히지 않습니다. 팀장과 팀원이 2년째 함께 일하고 있다는 숫자는 알 수 있어도, 그들이 신뢰하는 관계인지 아닌지는 데이터 너머에 있습니다.

국내 한 식품기업은 대외적으로 좋은 이미지를 가지고 있지만, 영업조직은 여전히 80년대식 성과압박시스템으로 운영된다고 알려져 있습니다. 강력한 성과압박을 못 견디고 뛰쳐나오는 신입사원들이 많다는 거죠. 인간적인 신뢰 없이 숫자 위에만 세워진 조직은 한순간 문제를 일으키거나 한방에 무너질 수 있습니다. 숫자는 목표가 아니라 '증거'여야 하는데, 목표가 증거를 삼켜버리면 조직은 사고를 냅니다.

AI는 이 위험을 줄여주기도 하고, 키우기도 합니다. AI는 더 많은 데이터를 빠르게 정리해 주지만, 동시에 숫자가 말하는 결론을 너무 쉽게 만들어 냅니다. 그래서 리더는 AI를 활용하되 결코 맹신해서는 안 됩니다. 사람이 만들어 낸 도구를 신봉하다가, 도구가 목적이 되는 현상을 '소외'라고 부릅니다. 가장 강력한 예가 바로 '돈'입니다. 돈은 거래를 편하게 하려는 도구로 사용되었지만, 지금은 돈 자체를 모으는 것이 목적이 되었습니다. 마찬가지로 일의 효율적인 활용을 위해 AI를 도구로 쓰면 되는데, AI의 제안을 무비판적으로 수용할 때 우리는 'AI 소외'를 경험하게 될 겁니다.

AI가 낸 결론은 정답이 아니라 '해석의 참고자료'로 써야 합니다. 그리고 팀장은 AI가 제시하는 숫자들을 접하면서, 그 숫자 뒤에 아른거리는 팀원들의 얼굴을 함께 보아야 합니다. '이 결정을 가장 힘들게 받아들일 사람은 누구이고, 우리는 그 부담을 어떻게 줄일 것인가?'라는 질문이 데이터와 데이터의 사이에 결합될 때, 데이터는 차가운 칼이 아닌 정교한 나침반이 됩니다. 그런 균형을 팀장이 잡아야 하는 것이죠.

리더십의 재정의 : AI와 함께 일하는 인간의 품격

AI 시대에 필요한 새로운 리더십은 AI와 함께 일하는 '인간의 품격'을 지키는 일입니다. 여기서 '품격'은 우아함을 의미하는 게 아닙니다. 위기상황에서도, 성과압박 속에서도, AI가 정답처럼 보이는 문장을 내놓는 순간에도 사람을 사람으로 대하는 태도를 유지하는 능력입니다. 이 품격은 다음 세 가지 약속으로 설명할 수 있습니다.

1) 존중 Respect

팀원을 데이터 숫자로 보지 않는 겁니다. "너는 0.8점짜리야"가 아니라 "당신이 보여준 헌신이 이 성과를 만들었습니다"라고 말하는 것이 존중의 태도입니다.

2) 설명 가능성 Explainability

AI가 개입될수록 의사결정은 투명해야 합니다. "AI가 그렇게 하라고 하더라"는 말은 설득이 아닌 책임회피입니다. 리더는 '왜 이 선택을 했는지'를 인간의 언어로 다시 말해야 합니다.

3) 책임 Responsibility

AI가 추천했더라도 최종 결정에 대한 책임은 사람에게 남습니다. 좋은 리더는 실수를 AI에게 떠넘기지 않고, "이 선택의 책임은 내가 진다"라고 말할 때 팀의 심리적 안전감이 지켜집니다.

AI 시대 인간의 품격은 속도와 같이 가야 하는 평행한 철길 같은 겁니다. 두 철길이 깔려 있어야 기차가 그 위를 달릴 수 있습니다. 빨리 결론을 내리고 싶을 때 한 번 더 확인하고, 숫자로 밀어붙이고 싶을 때 한 번 더 사람을 바라보는 힘이 AI 시대의 진짜 경쟁력입니다.

〈Human × AI Leadership Model〉: '누가 주도해야 하는가'를 정하는 지도

AI 시대의 리더십은 AI를 쓸지 말지를 고민하는 문제가 아닙니다. 이제는 어떤 영역에서 인간이 주도하고, 어떤 영역에서 AI가 주도할지를 설계하는 '설계의 문제'입니다. 이를 위해 〈Human × AI Leadership Model〉을 제안합니다. 이 모델은 두 가지 축을 기준으로 작동합니다.

1) 문제의 명확성(높음 ↔ 낮음) : 이 문제는 성공기준과 검증방법이 분명한가?

- 높음(명확) : 목표·입력·제약·평가기준이 명확하고, 결과가 검증 가능함(맞음·틀림, 통과·미통과)
- 낮음(불명확) : 목표가 흔들리거나 이해관계자가 많고, 정답보다 '판단·해석·협상'이 필요함

[체크 질문 (YES가 많을수록 '명확')]
□ 목표를 한 문장으로 말할 수 있나?
□ 성공기준(지표·완료기준)이 정해져 있나?
□ 필요한 입력 데이터가 충분히 있나?

□ 답을 검증(테스트·리뷰·팩트체크)할 수 있나?

□ 같은 입력이면 대부분 같은 결론이 나오나(재현성)?

[예시]

- 명확 높음 : 회의록 요약, 템플릿 보고서 작성, 지표 계산, 체크리스트 검증

- 명확 낮음 : 전략 방향 설정, 브랜드 톤 논쟁, 갈등 조정, '왜 성과가 떨어졌지?' 같은 복합 진단

2) 인간 영향도(높음 ↔ 낮음) : 이 결정이 사람의 신뢰·공정·안전·관계에 얼마나 큰 영향을 주나?

- 높음(영향 큼) : 불이익·차별·안전사고·법적리스크·관계붕괴처럼 되돌리기 어렵거나 민감한 결과가 생김

- 낮음(영향 작음) : 실수해도 쉽게 되돌릴 수 있고, 피해가 제한적(편의·효율 수준)

[체크 질문(YES가 많을수록 '영향 큼')]

□ 사람의 평가·보상·징계·채용에 영향을 주나?

□ 고객 신뢰(공지·약관·가격·보상)에 직접 영향이 있나?

□ 안전(물리·보안·개인정보·규정) 리스크가 있나?

□ 결정이 공정성 논쟁을 부를 수 있나?

□ 한번 나가면 되돌리기 어려운가(이미지·법적책임·관계손상)?

[예시]

- 영향 높음 : 인사평가·징계, 가격 오류 대응, 개인정보 포함
문서, 위기 커뮤니케이션, 안전·품질 리콜 판단

- 영향 낮음 : 내부용 초안 작성, 일정 조율, 반복 보고 자동화

이 두 축에 따라 업무를 네 영역으로 분류하고, 실제 부서별 업무와 매칭해 보겠습니다.

	문제의 명확성 높음	문제의 명확성 낮음
인간 영향도 높음	AI 보조 + 인간 승인 (HITL 영역)	인간 주도 + AI 근거 지원 (품격 영역)
인간 영향도 낮음	AI 주도 (자동화 영역)	AI 탐색 + 인간 선택 (브레인스토밍 영역)

1) AI 주도(자동화 영역) : 문제의 명확성 높음 × 인간 영향도 낮음

정답과 완료기준이 뚜렷하고, 실수해도 피해가 제한적인 업무들입니다. 반복 보고, 형식 정리, 요약, 일정 조율 등으로, 이런 업무에서는 AI가 앞에 서야 팀이 빨라집니다.

부서	해당 업무
공통 (전 팀)	① 회의 녹취 → 요약·회의록 초안 생성 ② 이메일·메신저 공지 초안 작성(내부용, 저위험) ③ 일정 조율 메시지 생성, 회의 아젠다 템플릿 생성 ④ 템플릿 보고서(주간·월간) 초안 작성 ⑤ 문서형식 통일(표·목차·문장 다듬기), 맞춤법·톤 정리 ⑥ 업무 체크리스트 생성(DoD, 검수 항목)
영업팀	① 미팅 후 통화·내용 노트 정리(요약 + 다음 액션) ② CRM 입력 초안(미팅 요약, 단계 업데이트 문장) ③ 표준 제안서·소개서 초안 채우기(템플릿 기반) ④ 경쟁사·고객사 기본 리서치 1차 요약(공개자료 기반)
마케팅팀	① 광고 소재 변형안(카피·헤드라인 20개 생성) ② 랜딩페이지 섹션 초안, FAQ 초안 ③ 캠페인 리포트 요약(CTR·CVR·CPL 등 지표 정리) ④ 키워드 리스트 정리·분류, UTM 규칙 자동 생성
CS/운영팀	① 타깃 분류·태깅 ② 우선순위 1차 제안(룰 기반) ③ 답변 템플릿 초안 생성(규정 변경 전제 없는 문의) ④ 상담 요약, 콜백 메모 작성 ⑤ FAQ 문서 초안 생성(반복 문의 기반)
경영지원 (총무/구매/ 재무)	① 비용정산 내역 요약, 증빙 체크리스트 생성 ② 발주·구매 요청서 초안(필수 항목 채우기) ③ 회계 분개 설명 문장, 내부 안내문 초안 ④ 사내 공지(프로세스 안내) 초안
품질/QA	① 검사 체크리스트·점검표 초안 생성 ② CAPA 문서 형식화(템플릿 채우기) ③ 결함(Defect) 티켓 요약 및 분류

2) AI 보조 + 인간 승인(HITL 영역) : 문제의 명확성 높음 × 인간 영향도 높음

정답 기준은 명확하지만, 실수하면 신뢰·법·안전·공정에 영향이 큰 업무들입니다. 평가문장 초안, 고객 공지문구, 규정·법무 관련 문서 작성들이죠. AI가 초안을 만들되, 인간이 반드시 검수하고 책임져야 하는 영역입니다.

부서	해당 업무
공통 (전 팀)	① 대외 공지문(서비스 장애, 정책 변경) 초안 + 최종 승인 ② 계약·약관·개인정보 포함 문서 요약·검토 보조 ③ 가격·정책 변경 안내 문구(고객 영향 큼) 초안 ④ 평가·피드백 문장 초안(최종 문장·톤은 인간)
영업팀	① 맞춤 견적서, 가격 제안 문구(조건·리스크 큼) 초안 ② 계약서 주요 조항 요약 및 리스크 포인트 표시(법무 검수 필수) ③ RFP 응답서 초안(사실·약속 포함 → 인간 검증) ④ 고객에게 보낼 원인·지연·보상 안내문 초안
마케팅팀	① 의료·금융·건기식 등 규제 광고 문구 초안(법무·컴플 검수 필수) ② 브랜드 톤앤매너가 중요한 대외 캠페인 카피 초안 ③ 인플루언서·협찬 계약 조건 요약(법적 리스크) ④ 개인정보 수집 동의, 이벤트 운영 안내문 초안
CS/운영팀	① 민원·분쟁 케이스 답변 초안(법무·정책 검수) ② 환불·보상 정책 적용 안내(고객 분쟁 가능) ③ 사고·보안 관련 안내문(정확성 중요) ④ 사과문 초안(문장 한 줄이 신뢰에 직격)

경영지원 (총무/구매/ 재무)	① 인사규정, 징계절차 안내문 초안(공정성 영향) ② 평가 코멘트 초안(최종 판단은 인간) ③ 채용공고 문구(차별요소 점검 포함) 초안 ④ 내부감사 대응자료 요약(정확성 중요)
품질/QA	① 리콜·출하보류·품질 공지 초안 ② 안전 관련 결함보고서(규제기관 제출용) 초안 ③ 작업표준(SOP) 변경 문서 초안(현장 안전 영향) ④ 고객품질 클레임 대응 문서 초안

3) AI 탐색 + 인간 선택(브레인스토밍 영역) : 문제의 명확성 낮음 × 인간 영향도 낮음

정답이 하나가 아니고, 탐색·가설·선택지가 필요한 업무들입니다. 아이디어 발산, 대안 시나리오, 우선순위 후보 만들기 등이죠. 이런 업무들에서 AI는 좋은 확장기이고, 인간은 선택자입니다.

부서	해당 업무
공통 (전 팀)	① 문제원인 가설 10개 뽑기('왜 성과가 떨어졌지?' 초기 탐색) ② 선택지 A·B·C 비교(장단점, 리스크) 초안 만들기 ③ 브레인스토밍(이름, 캠페인 컨셉, 슬로건) ④ 회의 아젠다 구조설계(결정 질문 후보 생성)
영업팀	① 타깃 산업, 고객 세그먼트 후보 발굴(우선순위 아이디어) ② 콜 스크립트, 이메일 아웃리치 문구 여러 톤 생성 ③ '이 고객이 왜 망설이는지' 반대 의견 가설 뽑기 ④ 딜 전략 옵션(할인·기능·레퍼런스 제공 등) 시나리오 작성

마케팅팀	① 신규 캠페인 메시지 포지셔닝 후보(3~5개) ② A/B 테스트 아이디어(변수 후보) 생성 ③ 콘텐츠 시리즈 기획안(목차·회차 구성) ④ 키워드 확장, 콘텐츠 주제 클러스터 도출
CS/운영팀	① 반복문의 원인 가설(제품·정책·UX 중 어디?) ② FAQ 구조 개선안(카테고리 재설계) ③ 문의 폭주 대응 시나리오(콜백·챗봇·공지 우선순위) ④ 상담품질 개선 실험(스크립트·교육·태깅 방식)
경영지원 (총무/구매/ 재무)	① 결재 리드타임 단축 아이디어(권한위임, 템플릿, 자동 알림) ② 비용절감 아이디어 후보(구매·계약·사용량 최적화) ③ 온보딩 개선 아이디어(자료·버디·체크리스트) ④ 회의문화 개선 실험안(프리리드·30분룰·3분공유)
품질/QA	① 결함원인 후보(공정·원자재·설비·작업자·환경) 브레인스토밍 ② 검사방식 변경 옵션(샘플링·전수검사·중간검사) 제안 ③ CAPA 아이디어 후보(예방조치 옵션) ④ 품질지표(선행지표) 후보 설계

4) 인간 주도 + AI 근거 지원(품격 영역) : 문제의 명확성 낮음 × 인간 영향도 높음

정답이 없고, 결정이 사람의 신뢰·공정·안전·관계에 크게 영향을 미치는 영역입니다. 갈등 조정, 위기 커뮤니케이션, 인사·평가, 윤리적 딜레마 등이죠. AI는 근거·시나리오·리스크를 정리하고, 결론과 메시지는 인간이 책임집니다. 이 영역이 바로 'AI와 함께 일하는 리더의 품격'이 드러나는 영역입니다.

부서	해당 업무
공통 (전 팀)	① 위기 커뮤니케이션의 방향 결정(사과·보상·공지 톤) ② 갈등 중재(팀원간·부서간 책임 공방) ③ '무엇을 포기할지' 결정(품질 vs 속도, 매출 vs 신뢰) ④ 예외상황에서의 가치 판단(원칙·윤리·공정)
영업팀	① 대형 고객 클로징에서 '어디까지 양보할지' 결정(신뢰·수익 영향) ② 고객사와의 분쟁, 책임 협상(관계·법적 리스크) ③ 파트너사와의 협업 종료, 재협상(관계·평판 영향) ④ 가격 인상(또는 할인 철회) 전략 결정(고객반발, 브랜드 영향)
마케팅팀	① 논란 대응(해명 vs 사과 vs 침묵) 결정 ② 브랜드 포지션 변경(단기성과보다 장기신뢰) ③ 사회적 이슈에 대한 메시지(정치·가치 충돌 가능) ④ 인플루언서 논란 시 계약 유지·중단 결정
CS/운영팀	① 대규모 장애·사고의 보상범위 결정(공정성·재무·신뢰) ② 고객 클레임에서 '예외 승인' 여부 판단(전례·공정성) ③ 개인정보·보안사고 대응의 공개범위 결정 ④ 악성 민원, 직원 보호(고객응대 한계 설정)
경영지원 (총무/구매/ 재무)	① 예산 삭감·재배분 결정 ② 긴급 구매, 예외 승인 판단 ③ 공급처 교체 vs 단가 인상 수용 ④ 복지·근무환경 정책 변경
품질/QA	① 리콜 여부, 출하 중단 여부 결정(비용 vs 안전 vs 신뢰) ② 규정위반 가능성 있는 요청 거절·수용(매출 vs 컴플) ③ 현장 안전사고 후 책임, 재발방지조치의 강도 결정 ④ 공급망 문제에서 납기 vs 품질 우선순위 결정

예시로 든 각 팀의 업무들 외에도 여러 가지 세분화된 업무들이 있는데, 그런 업무들을 이 분류 안에서 어느 정도 파악하면 팀장의 선택이 한결 명확하고 쉬워집니다. 팀장이 매번 감으로 판단하지 않고, '여기는 AI가 앞에 서도 된다' '여기는 사람이 앞에 서야 한다'를 일관되게 정할 수 있습니다. 일관성이 생기면 팀은 불안이 줄어들고, 예외루프에서도 덜 흔들리게 됩니다.

빠르게 성장할수록, 인간의 균형이 더 중요해진다

AI는 팀장의 업무를 줄여주기도 하지만, 더 본질적으로는 팀장의 의사결정 속도를 끌어올립니다. 하지만 결정이 빨라질수록 리더십의 품격은 더 중요해집니다. 숫자와 AI가 팀을 굴러가게 할 수는 있어도, 팀을 오래 가게 만들지는 못하기 때문입니다. 조직을 오래 가게 만드는 힘은 결국 사람에게서 나오고, 사람을 움직이는 에너지는 '신뢰'에서 나옵니다.

AI 시대의 리더십은 '데이터를 잘 다루는 기술' 위에 '사람을 사람으로 대하는 품격'을 얹는 과정입니다. 〈Human × AI Leadership Model〉은 그 균형을 실무에서 반복 가능하게 만드는 지도가 되어줄 겁니다.

4

팀장 업무는
B와 D
사이의 C

선택이 모여 성과가 되고,
문화가 되고, 미래가 된다

팀장 업무를 한마디로 정의한다면 이렇게 말할 수 있습니다.

> '팀장 업무는 B Background와 D Destination 사이의 C Choice다.'

탁월한 성과를 내는 팀장이 되기 위해서는 이 말을 명심해야
합니다. 우리는 흔히 '팀장'이라고 하면 일정관리, 사람관리, 성과

관리를 수행하는 '관리자'를 떠올립니다. 하지만 AI 시대의 팀장은 그보다 훨씬 본질적인 역할을 수행합니다. 팀장은 늘 서로 다른 배경을 가진 사람들과 수많은 제약조건을 이해하는 동시에, 우리가 도달해야 할 목적지를 향해 팀을 이끌어야 합니다. 그리고 그 사이에서 하루에도 수십 번 선택의 기로에 섭니다. 무엇을 먼저 할지, 무엇을 미룰지, 누구에게 맡길지, 어디까지 허용할지, 어떤 기준을 지킬지 같은 선택들이죠.

이러한 선택들이 모여 팀의 성과가 되고, 팀의 문화가 되고, 결국 팀의 미래가 됩니다. 그래서 팀장 업무의 본질은 단순히 일을 많이 하는 것이 아니라 '선택을 잘하는 것'에 있습니다.

Background : 팀장은 다른 배경들의 교차점에 서 있다

Background(배경)는 단순히 개인의 배경만을 뜻하지 않습니다. 팀장의 눈앞에는 늘 입체적이고 복합적인 배경들이 겹쳐 있습니다.

1) 팀원마다 제각각인 역량과 성향

2) 고객마다 다른 기대치와 불만사항

3) 부서마다 엇갈리는 이해관계와 우선순위

4) 조직의 규정, 예산, 일정이라는 제약

5) 시장의 변화, 경쟁의 압박, 기술의 업데이트

정상루프에서는 이 배경들이 조용히 쌓여 흐르지만, 예외루프에서는 이 모든 배경이 한꺼번에 폭발합니다. 예를 들어 결제오류 사고가 터지면 개발팀은 기술적 한계를, CS팀은 고객의 항의를, 재무팀은 손실비용을, 법무팀은 리스크를, 경영진은 브랜드 평판을 말합니다. 모두가 맞는 말이지만, 동시에 쏟아져 나오면 거대한 혼란이 됩니다.

그 혼란 속에서 정답을 찾는 건 불가능에 가깝습니다. 이때 팀장이 해야 할 일은 정답 찾기가 아니라 '정렬'입니다. 흩어진 배경들을 하나의 지도 위에 올려놓고, 지금 우리에게 무엇이 가장 우선인지를 판단하는 겁니다. 팀장의 역할이 최종 판단자라기보다 조율자에 가까운 이유가 여기에 있습니다.

Destination : 목적지는 숫자만이 아니라 '지키고 싶은 가치'여야 한다

Destination(목적지)을 오직 KPI라는 숫자로만 이해하면 팀장은 쉽게 흔들립니다. 매출, 전환율, 납기준수율 같은 수치는 물론 중요하지만, 그것이 목적지의 전부는 아닙니다. 진정한 목적지는 '어디까지 가야 하는가'인 동시에 '무엇을 지키며 가야 하는가'에 대한 답이어야 합니다. 예를 들어 단기 매출을 끌어올릴 수 있는 선택지는 많습니다. 무리한 할인, 과장된 마케팅, 무모한 납기 약속 등이 그렇습니다. 하지만 이런 선택은 '신뢰'를 깎아 먹습니다. 신뢰가 무너진 결과가 숫자로 나타나기까지는 시차가 존재하기에, 지표로 위기를 감지했을 때는 이미 늦은 경우가 많습니다.

그래서 목적지에는 숫자와 함께 우리가 결코 포기하지 않을 기준, 즉 가드레일Guardrail이 포함되어야 합니다. 목표를 점수로만 다루면 조직은 편법과 지름길을 찾지만, 목표를 방향과 기준으로 다루면 조직은 길을 벗어나지 않습니다. 그리고 그런 레이스를 해야만 조직이 오래갈 수 있습니다. Destination은 그래서 숫자와 가치가 함께 있는 지점입니다.

Choice :
팀장 업무의 핵심은 선택의 연속이다

결론적으로 팀장의 하루는 Choice(선택)의 연속입니다. 그런데 많은 팀장이 이 선택을 너무 무겁게 느낍니다. 이유는 간단합니다. 선택이 늘 혼란 속에서 이루어지기 때문입니다. 정보는 불완전하고, 시간은 부족하고, 이해관계는 복잡합니다.

그래서 AI 시대의 팀장에게 가장 큰 변화는, 이 선택의 부담을 AI와 나눌 수 있게 되었다는 점입니다. AI가 팀장을 대신해 최종 결정을 내릴 수는 없지만, 선택을 내리기 위해 필요한 과정의 95%를 정리해 줄 수 있습니다.

1) 가능한 선택지 A, B, C를 뽑아주고
2) 각 선택지의 장단점, 비용, 리스크를 정리해 주고
3) 과거의 유사사례와 유사패턴을 찾아주고
4) 데이터로 검증 가능한 팩트와 불확실한 영역을 구분해 주고
5) 지금 당장 확인해야 할 질문의 순서를 제시해 줍니다.

AI는 팀장이 선택을 내리기 전까지 마주해야 하는 '혼란의 정리'를 도맡습니다. 이 정리가 전체 업무의 95%를 차지합니다. 그

리고 마지막 5%는 여전히 인간의 몫입니다. 팀장의 진짜 존재가치는 바로 이 5%의 선택에서 증명됩니다.

팀장의 선택 중 95%는 AI로 자동화하고, 마지막 5%는 휴먼 터치Human Touch로 결정한다는 것이 핵심입니다. 이 말은 AI가 대부분을 결정한다는 얘기가 아닙니다. 오히려 정반대입니다. 95%나 차지하는 AI 자동화는 이제 AI를 쓸 수 있는 누구나 달성 가능한 성과가 되었습니다. 그러니 대부분 95%에서 시작하는 것이죠. AI의 보급에 '지능의 민주화' '지능의 대중화'라는 표현이 등장하는 게 과언이 아닙니다.[37] 과거에는 유능한 리더와 그렇지 못한 리더의 격차가 매우 컸지만, 이제 그 편차는 5% 미만으로 줄어들었습니다. 소정의 구독료를 내는 사람이라면 누구나 최고 수준의 전략적 정리를 손에 넣을 수 있기 때문입니다.

결국 승부처는 마지막 5%에 달려 있습니다. 차별화는 오직 여기서 발생합니다. AI는 결정을 내리기 좋은 상태를 만들어줄 뿐, 인간은 그 위에서 마지막 5%의 '의미'를 선택해야 합니다.

고객보상 여부를 결정해야 하는 상황을 가정해 봅시다. AI는 비용, 고객군, 재발가능성, 유사 사례, 예상 문의 등을 정리해 줄 수 있지만 '우리가 어떤 회사로 고객에게 기억되고 싶은가'에 대해서는 답하지 못합니다. 팀장이 "이번엔 비용이 크더라도 고객 신뢰를 선택하자"고 말하는 순간, 그건 숫자가 아니라 가치의 선택입니다.

또 예외루프에서 서비스를 잠시 제한하자는 결정도 마찬가지입니다. AI는 영향범위를 계산해 주지만, '누가 더 불편을 감수하게 되는가'를 보고 균형을 잡는 건 사람입니다. 이 마지막 5%는 속도가 아니라 품격의 영역입니다.

리더의 역할은 정답을 가진 자가 아니라 '의미의 조율자'다

또 하나 AI 시대의 리더는 선택자이자 조율자이기도 합니다. 우선 AI 시대의 리더가 답을 가진 사람이 아니라는 건 이제는 너무나 당연한 상식이 되었습니다. 모든 걸 알아야 하고, 모든 걸 책임져야 하고, 모든 걸 예측해서 정답을 주는 사람이 아니라는 거죠. 무엇보다 기술이 발전하고, 국제사회가 긴밀하게 연결되어 작동하면서 인식하고 예측하는 범위가 과거와 현격하게 달라졌습니다. 그래서 이제 리더는 답을 주는 결정자가 아니라, 수많은 답사이에서 의미를 조율하는 사람이어야 합니다.

여기서 '조율'이란 서로 다른 배경을 가진 사람들의 언어를 번역하고, 하나의 목적지로 정렬시키는 능력입니다. 개발팀이 말하는 '안정성'을 고객이 이해하는 '신뢰'로 바꾸고, 재무팀이 말하는 '비용'을 팀이 이해하는 '지속가능성'으로 바꾸고, 경영진이 말하는 '성과'를 팀원이 이해하는 '이번 주의 지표 한 가지'로 바꾸는 일이 바로 팀장의 조율입니다.

그리고 무엇보다 기술의 언어를 인간적인 수용의 언어로 바꾸는 능력이 중요합니다. AI로 효율적인 지침을 만들 수는 있지만, 그 안에 '당신을 존중한다'는 따뜻한 온도가 없다면 팀은 움직이지 않습니다. AI가 지표를 설정할 수는 있지만, 그 지표가 사람을 죄책감으로 몰아넣는다면 그 팀은 오래갈 수 없습니다.

그래서 AI 시대의 진정한 리더는 기술을 확장하는 사람이 아니라, 기술을 도구 삼아 인간성을 확장하는 사람입니다. AI로 벌어들인 시간으로 팀원을 한 번 더 살피고, 공정하게 대화하며, 더 자주 코칭하고, 안전한 문화를 만들어야 합니다. AI 활용의 최종 목적지는 결국 다시 '사람'으로 돌아와야 합니다.

마지막 5%의 품격이 리더십을 완성한다

팀장은 오늘도 수많은 배경(B) 속에서 목적지(D)를 바라보고 선택(C)을 합니다. 과거에는 그 선택이 '감'과 '경험'에 많이 의존했지만, 이제는 AI가 그 선택을 위한 정리와 시뮬레이션을 빠르게 도와줍니다. 덕분에 팀장은 이제 사람의 신뢰, 공정, 안전, 관계 같은 더 중요한 선택에 시간과 에너지를 쓸 수 있습니다.

AI 시대 팀장 업무의 결론은 명확합니다. 'AI가 95%의 혼란을 정리하고, 인간은 마지막 5%에서 의미를 선택한다.' 그 마지막 5%의 선택이 바로 팀원이 기억하는 당신의 리더십이며, 팀을 지속하게 만드는 당신만의 품격입니다.

참고자료

1   https://www.brainyquote.com/quotes/dwight_d_eisenhower_140795?

2   https://www.youtube.com/shorts/fVEzQN57hMU

3   https://zdnet.co.kr/view/?no=20251112084601

4   https://medium.com/daangn/%EA%B1%B0%EB%9E%98-%ED%9B%84%EA%B8%B0-%EC%8B%A4%ED%97%98%EC%9D%84-%ED%86%B5%ED%95%B4-%EB%94%B0%EB%9C%BB%ED%95%9C-%EA%B1%B0%EB%9E%98-%EA%B2%BD%ED%97%98-%EB%A7%8C%EB%93%A4%EA%B8%B0-3d7ac18d8e3

5   https://www.microsoft.com/en-us/worklab/work-trend-index/ai-at-work-is-here-now-comes-the-hard-part?

6   https://ksa.or.kr/ksa_kr/5219/subview.do%3Bjsessionid%3DE3DB02AD8F6A66FDF5F1C8D2DC70268F?enc=Zm5jdDF8QEB8JTJGYmJzJTJGa3NhX2tyJTJGMTkyJTJGMTU4ODU3MCUyRmFydGNsVmlldy5kbyUzRg%3D%3D&

7   https://www.theguardian.com/business/2025/oct/12/ai-workslop-us-employees?

8   https://kpmg.com/xx/en/our-insights/ai-and-technology/trust-attitudes-and-use-of-ai.html

9   https://www.customerexperiencedive.com/news/ai-search-summaries-distrusted-consumers-gartner/759373/

10 https://www.sisajournal.com/news/articleView.html?idxno=358161

11 《트렌드 코리아 2026》 김난도 외, 미래의창, 2025

12 https://global.toyota/en/company/vision-and-philosophy/production-system

13 https://techcrunch.com/2025/04/07/shopify-ceo-tells-teams-to-consider-using-ai-before-growing-headcount

14 https://www.chosun.com/economy/tech_it/2026/01/03/KUCFJDIY2FCIVHR4XN5P74
N3EU/?utm_source=naver&utm_medium=referral&utm_campaign=naver-news

15 https://sports.khan.co.kr/article/202601022158003?pt=nv

16 https://www.linkedin.com/posts/duolingo_below-is-an-all-hands-email-from-our-
activity-7322560534824865792-l9vh

17 https://www.reuters.com/technology/ibm-pause-hiring-plans-replace-7800-jobs-
with-ai-bloomberg-news-2023-05-01/

18 Here lies a man who knew how to enlist in his service better men than himself.
https://www.carnegiehall.org/Explore/Articles/2020/08/11/Here-Lies-a-Man

19 https://www.mk.co.kr/news/columnists/8461082

20 https://toss.tech/article/data-analyst-ab-test

21 https://yoda.wiki/wiki/Wells_Fargo_cross-selling_scandal

22 https://rework.withgoogle.com/intl/en/

23 chrome-extension://efaidnbmnnnibpcajpcglclefindmkaj/https://cdn2.hubspot.net/
hubfs/457183/Centrical%20Case%20Studies/Microsoft%20Case%20
Study%20-%202019.pdf

24 https://www.newsis.com/view/NISX20230302_0002211113

25 https://www.donga.com/news/Economy/article/all/20220905/115323331/1

26 https://www.youtube.com/watch?v=ZFoNBxpXen4

27 https://www.youtube.com/watch?v=MwQiecaQsF8

28 https://www.youtube.com/watch?v=fxJxTgvjZ84

29 https://www.edaily.co.kr/News/Read?newsId=01088966642104960

30 https://www.etnews.com/20230103000203

31 https://www.opinionnews.co.kr/news/articleView.html?idxno=129777

32 https://news.sktelecom.com/212095

33 https://business.google.com/us/think/future-of-marketing/five-dynamics-effective-team/

34 https://www.ft.com/content/4fc00d4f-06bf-4b3e-95a3-41db3e9001fd

35 https://www.asiae.co.kr/article/2024102811115766646

36 https://www.robertwalters.co.uk/insights/news/blog/conscious-unbossing.html

37 chrome-extension://efaidnbmnnnibpcajpcglclefindmkaj/https://msthesource.thesourcemediaassets.com/2025/11/11182025-Ignite-KEYNOTE01.pdf

언러닝의 시대, 리더십도 리셋이 필요하다
일 잘하는 팀장은 AI를 이렇게 씁니다

초판 1쇄 인쇄 2026년 3월 10일
초판 1쇄 발행 2026년 3월 20일

지은이 이시한
펴낸이 백광옥
펴낸곳 (주)천그루숲
등   록 2016년 8월 24일 제2016-000049호

주소 (06990) 서울시 동작구 동작대로29길 119
전화 0507-0177-7438 **팩스** 050-4022-0784 **카카오톡** 천그루숲
이메일 ilove784@gmail.com

기획·마케팅 백지수
인쇄 예림인쇄 **제책** 예림바인딩

ISBN 979-11-93000-92-2 (13320) 종이책
ISBN 979-11-93000-93-9 (15320) 전자책